上海家长学校
名人家庭教育丛书 | 杨敏 主编

汪堂峰 著

中国近现代名人家庭教育启示录

教育家卷

上海人民出版社
上海远东出版社

图书在版编目(CIP)数据

中国近现代名人家庭教育启示录.教育家卷/汪堂峰著.—上海：上海远东出版社,2023
(名人家庭教育丛书)
ISBN 978-7-5476-1955-1
Ⅰ.①中… Ⅱ.①汪… Ⅲ.①家庭教育－中国②教育家－生平事迹－中国－近现代 Ⅳ.①G78②K825.46
中国国家版本馆 CIP 数据核字(2023)第 193500 号

责任编辑　张喜梅
封面设计　李　廉

本书由上海开放大学
家庭教育教材开发与出版项目资助出版

名人家庭教育丛书

中国近现代名人家庭教育启示录.教育家卷
汪堂峰　著

出　　版	上海遠東出版社
	(201101　上海市闵行区号景路 159 弄 C 座)
发　　行	上海人民出版社发行中心
印　　刷	上海信老印刷厂
开　　本	890×1240　1/32
印　　张	5.75
字　　数	110,000
版　　次	2023 年 12 月第 1 版
印　　次	2023 年 12 月第 1 次印刷
ISBN	978-7-5476-1955-1/G・1191
定　　价	40.00 元

名人家庭教育丛书

编委会

主　　任	王伯军
副 主 任	王松华　王　欢　应一也　郑　瑾
编委会成员	蒋中华　徐文清　邝文华　祝燕国
	陈圣日　金新宇　吴　燕　毕玉龙
	沈忠贤　丁海珍　张　令　叶柯挺
	陆晓春　朱　斌　王秋兰　汤　为

总序

每个时代各领域的名人名家通常都具有敏锐的洞察力和感知力,是新思想、新观念的传播者,也是社会变革的积极参与者和推动者。

作为一个有思想、有力量、有张力的群体,名人名家大多对其所在的领域有深入的理解和独特视角,能够提供有前瞻性、创新性的思想和观点,引领社会的发展方向。他们中的一部分人是社会的领导者和决策者,其决策和行为直接影响社会的稳定与和谐;他们通过自身的影响力和权威,在社会中起到调节和稳定的作用。

与此同时,他们也是各类知识和技术的传授者,通过教育推广、研究思考和实践行动,将自己的知识和经验传递给更多的人,推动社会的科技进步;他们作为公众人物,其言行能够对公众产生较大影响,塑造公众的价值观和世界观,助推社会奔向未来。

此外,他们的成功与名望,往往能鼓舞更多的人去追寻自己的目标;他们的存在就像一座座灯塔,为大众指明前行的方向。而他们在家庭教育方面的与时俱进、勇于创新,正是他们在整个社会发展中敢于尝试和创造的价值折射。

从宏观角度而言,近现代中国的家庭教育像浮雕一样凸显在中国教育史上。在西方社会文化思潮和教育思想涌入中国社会的同时,中国传统家庭教育自身也开始对旧式的家庭教育理念与实践展开了自我批判,并在尝试改革与重构。[1] 随着中国社会的转型,近现代中国各领域名人大家的家庭教育都发生了巨大变化。其重要特征,就是他们把科学、民主、平等的思想观念和实践行动带入家庭教育中,将家庭教育爱国育人的优秀传统和科学、民主、平等的时代精神兼收并蓄、相互融通,以适应转型社会对人才培养的要求,开创了一股更新家庭伦理和教育观念的新风气,也带来了中国家庭教育与人才培养的新时代。

纵观1840年至1949年的我国家庭教育发展史,大致可以划分为四个阶段[2]。

第一阶段,从1840年鸦片战争到19世纪60年代,是我国家庭教育近现代转型的沉默期。此阶段家庭教育总体上尚未突破传统模式,也未呈现家庭教育转型的痕迹。

第二阶段,从19世纪60年代至90年代,是我国家庭教育近现代转型的起步期。此一时期,家庭教育近现代化的步伐比较缓慢,只局限在一些高层统治者和名人大家尤其是官宦家庭中。

第三阶段,从19世纪末到1912年中华民国成立,是我国家庭教育近现代转型的发展期。在此阶段,我国家庭教育随着近

---

[1] 季瑾:《家庭教育现代化的启动与发展——计于民国家庭教育史的研究》,南京:南京师范大学,2013年。
[2] 南钢:《我国家庭教育的近代转型》,兰州:西北师范大学,2001年。

现代文化教育转型的深入而逐渐深化，在家庭教育的内容、方法、原则及理论层面都有突破性的成就，家庭教育成为一种较普遍的社会意识。

第四阶段，从1912年中华民国成立到1949年中华人民共和国成立，是我国家庭教育近现代转型的成熟期。此一时期，随着对西方幼儿教育思想、制度及儿童心理学的学习，家庭教育思想发生了革命性变革，使得家庭教育的目的、作用、内容和方法等，都显示出鲜明的近现代特征。

从发展趋势来看，这四个阶段的家庭教育转型呈现的大方向是父母对子女教育的两个转变：从注重孝道、尊重长辈和家族的传统规矩，向更加关注子女的个人发展和自由意志，注重理性思维和科学知识的转变；从传统的权威教育，向自由、平等和科学的教育转变同时，提倡男女平等和尊重个体差异。

基于这些转变，父母教育子女的方式和理念发生了巨大变化，近现代中国家庭教育呈现以下六个主要特点。

第一，注重传承价值观。近现代名人名家的家庭教育无一例外都有自己的一套核心价值观和生活哲学，他们希望通过家庭教育将这些价值观和生活哲学传承给下一代，包括对社会责任感的理解、对人生目标的设定、对成功的定义等。

第二，重视全面发展。他们的家庭教育往往强调个人的全面发展，涵盖传统文化、学业专攻、艺术爱好、社交能力等多方面的能力培养。他们的目标不仅仅是让孩子在学业上取得优异的成绩，更注重培养他们的独立思考能力、创新意识和解决问题的能力。

第三，提供丰富资源。近现代名人名家通常都拥有丰富的资源，所以他们可以为孩子提供更多的学习和成长机会，包括优质的教育资源、各种社会活动以及旅行经验等。

第四，高度参与子女的成长。在子女成长的过程中，他们大都高度参与了孩子的教育行动，对孩子的学习、活动、兴趣、理想、志趣等方面都细心关注，在必要时提供高能的指导和帮助。

第五，培养子女的自主性。近现代名人名家的家庭教育十分注重鼓励孩子独立思考和自主决策，多方面提高子女的自主性和适应性，使孩子能够更好地面对未来的挑战。

第六，国际化视野。近现代名人名家通常都具有较高的国际化视野，他们会通过各种方式让孩子接触国际文化，提升他们的国际意识和跨文化交际能力。

在此基础上，近现代中国家庭教育的发展与嬗变具有令人瞩目的价值：首先是培养优秀人才。家庭教育是培养优秀人才的基础，通过科学合理的家庭教育，可以培养出具有独立思考、创新能力和社会责任感的青年一代。其次是促进社会和谐发展。家庭教育对于社会和谐发展具有重要作用，良好的家庭教育能够培养出有健康人格和积极向上的社会行为习惯的公民，为社会的进步贡献力量。再次是传承优秀文化。中国历史悠久的家庭教育传统具有深厚的文化内涵，通过传承和弘扬这些优秀的家庭教育文化，可以使家庭教育更加健康、科学、有效，为社会提供稳定的文化基础。

以此为背景,本套丛书以近现代时期名人大家的家庭教育思想与实践为切入点,通过挖掘他们人生历程、事业成就、亲子绵延与家庭教育之间的密切关系,展现两代人、几代人在家庭教育中薪火传递、生生不息的真实图景,进而从中国家庭教育嬗变状貌中了解传统家庭教育精华与西方教育精神交融的时代特征,为当下家庭教育提供可资借鉴的思想和案例,具有深刻的理论探索与实践价值。为此,我们推出了这套"名人家庭教育丛书"。

本丛书分六册,在写作上注重三点:第一,全部内容皆从此阶段本领域名人名家的真实案例出发,立足家庭教育视角展开。第二,既保持内容的相互连贯性、体例的统一性,又注重各个分册的独立性、独到性。第三,各分册由若干篇组成,每篇之下又有若干章,每章都包含几个层次:辉煌业绩与成就、成长历程及家庭背景以及家庭教育思想和实践经验等,以期给当下家长提供切实可行的家庭教育思想指导和行动点拨。

《中国近现代名人家庭教育启示录·教育家卷》,由上海财经大学教师、复旦大学博士汪堂峰撰写。全书以"自序:别人家的孩子 自己家的孩子"为开端,而后分三篇展开。第一篇"筚路蓝缕 以启山林",从"马相伯:中西结合成就'日月光华'人生""蔡元培:宋儒崇拜之谜"两部分沉稳展开。第二篇"玉汝于成 功不唐捐",包括"张伯苓:功名蹭蹬老风尘 读书有子不嫌贫""马君武:老农勤稼穑 向晚尚冬耕"两部分,写得深情款款。第三篇"布衣情愫 星河长明",则分别从"陶行知:生活即教育家庭即学校"和"章绳以:娜拉出走该怎么办"落笔,既娓娓道来,又深邃绵邈。

《中国近现代名人家庭教育启示录.国学家卷》,由上海开放大学浦东分校张佳昊老师和上海开放大学人文学院杨敏教授联合撰写。本书以社会学视角下家庭教育的三个维度——时代维度、社会维度和人生维度为逻辑框架,紧密结合近现代的时代巨变、社会现状及大时代下纷繁多变的众生实景,通过选取一系列国学名家的人生实况,挖掘他们成功人生背后的家庭教育经验与思想。第一篇"时代机遇:西学东渐与使命创新",重在从"陈寅恪:海纳百川,有容乃大""陈垣:壁立千仞,勤学如斯""顾颉刚:融会贯通,治学有方""汤用彤:追踪时代,薪火相传"及"吴宓:精通西学,布道国学"五个案例着手,立足时代维度,清晰呈现近代西学东渐之后家庭教育面临的时代背景,国学家们所承担的、适应时代要求的家庭教育新使命,以及他们在家庭教育中具备的创新力、变革力与洞察力。正因如此,他们才能在面向复杂而充满不确定性的未来培养后代的时候,拥有清晰的理解和判断,明确的意识和能力。第二篇"社会场域:现实碰撞与行动引领",包括"赵元任:文理兼修,全人教育""黄侃:虔诚问学,家学之道""金克木:博学笃志,切问近思""梁启超:成在将来,不在当下"以及"章太炎:教书育人,太独必群"五个部分,是立足社会维度,呈现在近现代社会,国学家们作为子女融入社会的首席指导师,自身所具备的全面、客观、理性、科学的社会素养,以及他们在子女走向社会过程中的强力引导,包括清晰的意识、积极的情感和良好的策略。第三篇"人生长河：山山而川与迢迢其泽"，则是从"刘文典：魏晋风骨，师者异类""吕思勉：寓教于乐，发展天性""钱穆：家学渊源，创新传承""王国维：有我之境，无我之境"和"王力：事业家庭，兼爱兼成"五个案例着眼，立足人生维度，梳理阐述国学家们是如何把家庭当作子女人生旅行的起点和人生教育的第一课堂，为子女拥有完满人生做准备的。他们既要为子女独立人格和品格打基础，也为子女的人生发展作指引，让子女有能力走好人生路。

《中国近现代名人家庭教育启示录.文学家卷》，由国家开放大学人文教学部副部长胡正伟副教授撰写。本书分四篇呈现近现代中国著名文学家的家庭教育方略。第一篇"谁痛苦，谁改变"，包括"鲁迅：记得当时年纪小""许地山：苦中作乐""王统照：外圆内方"和"梁实秋：人生如寄，多忧何为"，立足于德国心理学家海灵格"谁痛苦，谁就会改变"的教育思想，以四位文学家为案例阐述这样的家庭教育领悟：只有当一个人真正感到痛苦，不再愿意继续以当前的方式生活时，他才会寻求改变。第二篇"教育就像种子"，由"叶圣陶：希望他们胜似我""张恨水：甜蜜的负担""沈雁冰：与时代同行"以及"朱自清：宁廉洁正直以自清，佩弦以自急"组成，以联合国第七任秘书长、2001年诺贝尔和平奖获得者科菲·安南的"教育就像种子，耐心培育才能开花结果"这一理念为视角，展现四位文学家家庭教育的全面性和综合性——通过培养知识、思维方式、技能以及个人品格和价值观，为儿女的发展播下一颗颗强大的种子。第三篇"每个人身上都有太阳",则涵盖"林语堂:拒绝焦虑""成仿吾:有所不为,有所为""沈从文:只用无私和有爱回答世界"与"艾芜:像一条河一样"四部分,从苏格拉底的"每个人身上都有太阳,主要是让它如何发光"这一思想高度,呈现四位文学家是何发掘和发展孩子的天赋和才能,让孩子相信自己的潜力,并致力于不断提升自己,以达到更高成就和更大影响力的。第四篇"人间至味是清欢",由"老舍:最美不过烟火气""俞平伯:不必客气""巴金:隐没进芸芸众生"及"赵树理:愿你决心做一个劳动者"组成,站在画家米勒"家庭是我们自己的小天地,我们在这里制定自己的生活法则,在这里播种幸福的种子,灌溉快乐的秧苗,并将它们散布到世界的大园圃中"这一情感维度,同时结合宋代文学家苏轼"人间有味是清欢"的诗意人生追求,展现四位文学家是如何让孩子领悟人生的价值和意义不仅在于物质的追求和外在的成就,更在于内心的富足和平和的。

《中国近现代名人家庭教育启示录.科学家卷》,由上海开放大学文学教育系主任、复旦大学文学博士洪彦龙撰写。本书以"自序:'做而不述'的科学人"为开端,分四篇呈现近现代中国著名科学家的家庭教育之道。第一篇"数归其道",包括"陈建功:求学是为了我的国家,并非为我自己""熊庆来:救国育才的数学界'伯乐'""苏步青:为学应须毕生力,为民为党献余生"和"华罗庚:我们最好把自己的生命看作前人生命的延续",重点呈现四位科学家家庭教育中的道德教育与品格养成。第二篇"物穷其理",则通过"吴有训:与诺奖擦肩而过,为祖国奉献一生""严济慈:科'济'之光,'慈'训无双""童第周:中国人不比外国人笨""萨本栋:途遥路远研物理,厦府倾心苦坚持""杨振宁:横跨中西,今古传承"与"李政道:细推物理须行乐,何用浮名绊此身"六位科学家的个人成长和家庭教育实录,重点呈现他们对子女探索精神、科学之道以及研究能力的培养。第三篇"地藏其宝",涵盖"章鸿钊:藏山事业书千卷,望古情怀酒一卮""李四光:无愧大地光,油海千顷浪""竺可桢:收回中国天气预报'主权'""孙健初:风雨前行的阵阵驼铃"及"梁思成:宽严相济、博精结合"五位科学家的人生轨迹,重点呈现他们在科学领域、家庭教育中宁静致远、海纳百川的精神境界,与万化冥合的心灵领悟。第四篇"工善其事",则分别通过"侯德榜:只要努力,泥土里也能长出惊世的花""王淦昌:科学没有国界,但科学家有祖国""束星北:但愿中华民族振,敢辞羸病卧黄昏""钱学森:立星辰大海之志,创两弹一星之功"及"钱三强、何泽慧:科学伉俪的世纪之爱"的书写,重点呈他们的科学研究之道、家庭教育之道和子女培养之道。

《中国近现代名人家庭教育启示录.艺术家卷》,由中国福利会吕沁融副编审撰写。全书以"自序:艺术的力量"发端,以"结语:家庭与艺术,是追求真善美的道路"收尾,其间分三个篇章展现近现代中国著名艺术家的家庭教育之光。第一篇"新潮与旧地",从"旧地上的'家'""逐渐兴起的人文精神"和"自由生长的民间艺人"三个层面铺叙,侧重描述在中西文化交融下的艺术家们基于家庭的成长之路,通过一个个鲜活的从家庭出发走向广大世界的追梦故事，以历史视角勾画出一个大时代的艺术人文图景，从而展现出新思潮与旧土地激荡的背景下家庭教育对艺术家的影响与成就。涉及的艺术家有黎锦晖、查阜西、梅兰芳、尚小云、荀慧生、程砚秋、骆玉笙和华彦钧。第二篇"自我与家国"，则从"重塑美学教育""彰显民族本色"及"打通中西壁垒"三个部分着笔，重点阐释艺术家的"家国情怀"，揭示艺术家面对动荡年代的社会责任与家庭责任，在追求个人成就的同时，是如何取舍、如何抉择，如何披星戴月、承前启后而建立起影响近现代中国艺术发展丰碑的，凸显家庭教育是社会责任培养的第一站这一真谛，涉及的艺术家有李叔同、丰子恺、杨荫浏、黄自、戴爱莲、张充和、周小燕和管平湖。第三篇"艺术与无华"，则分别以"血脉相连""启智开蒙"和"生命华章"为主题，重点揭示艺术家们在辉煌成就的背后，对人间冷暖的体悟和对真善美的追求，启发当代家庭教育如何汲取这一份能量，继续将平凡的人生谱写成新的华章。涉及的艺术家包括傅聪、贝聿铭、启功、萧友梅、林风眠、木心、朱光潜及贺绿汀。

《中国近现代名人家庭教育启示录.法学家卷》，由上海开放大学人文学院院长、张志京副教授和上海开放大学普陀分校王仁或教授联合撰写。本书选取近现代中国12位著名法学家的成长历程和家庭教育状况为案例，分三个部分逐一展示他们带领子女奔向理想人生过程中的成就与经验。第一篇"教子行为先，身教胜言传"，重点表达四位驰名中外的法学家在以身作则、身体力行方面给子女带来的重要影响，包括"梅汝璈：春风化雨，润物无声""彭真:温恭朝夕,念兹在兹""王世杰:拳拳之情,眷眷为怀"及"宋教仁:白眼观天下,丹心报国家"四个案例。第二篇"父母之爱子,为之计深远",则重点展开另外四位法学大家在教育子女过程中的高瞻远瞩、坚实铺垫给儿女带来的底蕴与机遇,包括"钱端升:人无信不立,事无信不成""沈钧儒:立志须存千载想,闲谈无过五分钟""吴经熊:猗猗季月,穆穆和春"及"谢觉哉:常求有利别人,不求有利自己"。第三篇"箕引裘随,自有后人"从世家发展与父子接力的角度展现了四位法学家在家庭教育方面的成功与效应,包括"王宠惠:守得安静,才有精进""董必武:所虑时光疾,常怀紧迫情""周鲠生:谁言寸草心,报得三春晖"及"曾炳钧:栉风沐雨,玉汝于成"。

处于历史与现实、传统与现代、本土性与世界性冲突与融合过程中的近现代名人大家,他们在家庭教育转型与更新中呈现的中西兼容的文化气质、家国一体的立世情操、薪火相传的生命精神,留下了许多家庭教育的成功范例,形成了精进笃行的优良家风,培养出大量紧缺人才。时至今日,他们虽然身影已远,但光影仍在,他们如同散落在广阔大地的蒲公英种子,在世界的不同角落开花结果,各自奉献独特的事业成就,安享平和温馨的日常生活,根深叶茂,生生不息。

"名人家庭教育丛书"编委会主任 王伯军

自序

别人家的孩子　自己家的孩子

在家庭教育中,别人家的孩子似乎是一个永远摆脱不了的"魔咒"。即便是看过或是听过许多教育专家入情入理的分析与告诫,家长仍然很难摆脱别人家的孩子带来的焦虑。

笔者倒认为,真正严格意义上的别人家的孩子,在家庭教育方面恰恰具有正面意义。别人家的孩子确乎是一面镜子,没有这面镜子,我们根本无法全面客观了解自家的孩子。许多时候我们看似在拿自家的孩子同别人家的孩子比较,实则是在用成人的眼光来看待孩子,用成人的能力作为衡量孩子能力的标尺。譬如,某道题目在我们看来易如反掌,在帮自家孩子讲解了半天而孩子却还是毫无头绪时,我们的焦虑、急躁甚至怒吼便接踵而至。这种情形在家长中应该十分常见。但别人家的孩子是否可以轻松解答这个题目?孩子心智的发展是否达到了正常的程度?对此,我们获得的并不是真正的认知,而是一种想象,一种道听途说,一种偶尔的观察所得,一种表象。我们从对这个孩子一鳞半爪的认知和对另一个孩子一鳞半爪的认知,拼凑出一个完美的别人家的孩子。因此,我们今天的焦虑、今天的家庭教育中最大的问题,恰恰是没有找到真正的镜子,没有找到真正的、严格意义上的别人家的孩子。

一

那么,该如何去寻找别人家的孩子这面镜子呢?从教育专家那里寻找这面镜子,是一个很好的方式,尤其是他们深入的理论和生动的个案相结合,往往令人茅塞顿开。不过,通过阅读书籍或者聆听讲座等方式从教育专家那里获得观照与借鉴这种途径,在专家所力图传递的信息和家长最终所接受的信息之间,有时会形成很大的落差。这种落差是阅读书籍和聆听讲座这种方式本身所固有的一种缺憾所致。即便教育专家的理论水平和传递信息的技艺再怎么高超,也无法弥补这种缺憾。在作为受众的家长那里,专家从理论上进行分析的孩子,是一个抽象的孩子;专家从个案上进行描述的孩子,是一个陌生的孩子。因此,受众对专家那里的孩子,往往会有一种遥远感、疏离感、陌生感,因而难以产生长效、亲切的共振共鸣。

有关每个阶段的孩子究竟是什么样,究竟该怎么样,这些大道理或许我们都懂。我们也清楚,那种具有成人心智的别人家的孩子,其实是一种幻象。但我们仍架不住这种幻象给我们带来的压力,让我们本已焦虑的内心更加焦虑。大道理作为一种知识,由于缺乏实实在在的感性的支撑,很难真正内化为我们的理念,其作用就像金庸《天龙八部》中段誉起先所使的六脉神剑一样,时灵时不灵。

二

不管是从理论上,还是从作为一个家长的切实体会来看,发挥最大功效的那面镜子——别人家的孩子,肯定是一副熟面孔,是经常在我们面前晃悠的活生生的个体,是能够更炽热、更深刻、更长久地让我们维持共情思绪的个体。这副熟面孔越是能显示出自己的多面性,就越具有镜子的价值。显然,具有这种多面性的镜子,不是邻居家或朋友家的某个孩子,而应该是(包括邻居家、朋友家孩子在内的)一群孩子;不是一副熟面孔,而是许多副熟面孔。这些熟面孔到哪里去找?答案不言而喻:孩子的同学。正是在这些别人家的孩子身上,我们既可以找到每个孩子自身的多面个性,也可以找到这个阶段的孩子们的共性,从而发现哪些问题是自家孩子的个性问题,哪些问题是这个阶段的孩子们的共性问题。

只是,问题在于:孩子的同学是我们熟悉的面孔吗?也许我们只是在孩子放学的时候慢慢熟悉了他们的面孔,从而对他们产生一种很亲切的感觉——毕竟是孩子的同学嘛。真正有价值的心灵上的熟悉的面孔该到哪里去寻找呢?找不到这个心灵上的熟悉的面孔,放学时朝我们走过来的,依旧只是一群熟悉的陌生面孔而已。

我们家孩子读小学的时候,班主任老师用班级日志为我们家长提供了这面真实而熟悉的镜子。每每打开班级日志,一个个或活泼可爱或调皮捣蛋的孩子形象就活脱脱地浮现在我们面前。孩子们的言谈举止以及由此展现出的心理与认知,孩子们各自的个性、在这个阶段所呈现出的共性,慢慢融进我们的脑海。在众多的别人家的孩子这面镜子面前,自家孩子的轮廓也便愈益清晰。

当然,坚持不懈地记班级日志只是极少数班主任的做法,我们不能苛求天底下所有班主任都这么做。家长最常见的做法,还是加强同学校、老师,尤其是同班主任之间的沟通与交流,以及同自家孩子、其他家长之间的沟通与交流。

三

今天我们看别人家的孩子,往往只剩一个视角——学习成绩,我们对标的别人家的孩子,于是也往往只是别人家学习成绩优异的孩子。我们的焦虑,概源于此。

我们的家庭教育,除了可以从教育专家和孩子同学那里寻找别人家的孩子这面镜子外,还可以从中外历史中去寻找,从大家耳熟能详的历史背影中去寻找。到历史中去寻找别人家的孩子,既可以看到熟悉的面孔,获得感性的体验,又可以看到别人家孩子的完整成长过程。当然,这一切的前提是,我们面对的是一面真正的平面镜,而不是哈哈镜。站在我们面前的别人家的孩子,必须是鲜活的,而不是干枯的;是真实的,而不是虚构的;是平实的,而不是传奇的;是接地气的,而不是高不可攀的。如是我们便可以拥有三面镜子用以观照自己家的孩子。

正是基于这种考虑，在受邀撰写《中国近现代名人家庭教育启示录·教育家卷》时，笔者决意选择几个具有代表性的教育家，挖掘他们的成长历程，探究他们所接受的家庭教育，观察他们给予子女的家庭教育。与丛书其他各卷不同，本卷既为教育家卷，自应同其他各卷有所区别，毕竟在家庭教育问题上，教育家也许有更多的宝藏可以拿出来说，故本卷聚焦深度，不求广度，但所选对象，基本可以代表那个时代的教育家群体。

四

雅斯贝尔斯说，"教育的本质是一棵树摇动另一棵树，一朵云推动另一朵云，一个灵魂唤醒另一个灵魂"。这是乐观者的信念。笔者想说的是，在保持这种信念的同时，我们要万分小心，别让大树动摇了小树，乌云驱赶了白云，惊魂带走了精魂。

汪堂峰

目录

总序 — 001

自序：别人家的孩子　自己家的孩子 — 001

第一篇

筚路蓝缕　以启山林

第一章　马相伯　中西结合成就"日月光华"人生 — 003

中西结合的家庭熏陶 — 003

入会退会为哪般 — 010

螺蛳壳里，尽心做教育的道场 — 014

第二章　蔡元培　宋儒崇拜之谜 — 020

别样的"力行近乎仁"：刲臂医母及其他 — 021

何以事亲至孝：线索 — 024

何以事亲至孝：答案 — 029

"好学近乎知"与"知耻近乎勇" — 036

第二篇

玉汝于成　功不唐捐

第一章　张伯苓　功名蹭蹬老风尘　读书有子不嫌贫 — 045
　　　　人可以有霉运，不可以有霉相 — 046
　　　　功名蹭蹬老风尘，读书有子不嫌贫 — 050
　　　　允公允能，敏思敏行 — 053
　　　　修身齐家，躬身垂范 — 057

第二章　马君武　老农勤稼穑　向晚尚冬耕 — 063
　　　　辗转颠沛的斜杠大神 — 064
　　　　书本与锄头：用勤苦化贫苦 — 070
　　　　社稷心赤，桑梓情深 — 079

第三篇

布衣情愫　星河长明

第一章　陶行知　生活即教育　家庭即学校 — 091
　　　　丰乐河畔的贫苦：刻在骨子里的根脉 — 091
　　　　生活教育铸就爱满天下 — 095

把学校搬进家庭	— 102
"四桃"的成长之路	— 109

第二章 章绳以 娜拉出走该这么办 — 120

妇女解放,始于足下	— 121
家齐而后国治	— 125
育儿先修己身	— 133
娜拉的蜀道	— 141

结语:家庭教育,一场有缺憾的修行 — 149

后记 — 151

第一篇

筚路蓝缕　以启山林

筚路蓝缕,以启山林。马相伯、蔡元培两位中国近现代高等教育的拓荒者,一为会士,一为进士,人生起步迥然不同,最后却殊途同归,差不多同时投身新式教育,跻身中国近现代教育转型开路人之列……

第一章

马相伯 ▶ 中西结合成就"日月光华"人生

1840年是中国人骨髓里永恒的痛,英国发动的一场针对中国的不义战争——鸦片战争,开启了中国的百年苦难历程。

是年4月7日,本文主人公在丹阳一个天主教家庭呱呱坠地。也是在这天,英国议会以271票对262票的微弱优势,否决了反对发动战争的议案,英国已无改弦易辙的可能。对近代中国历史产生重大影响的两样东西——洋教和国难,从马相伯出生那天起,便伴其终身,共同塑造了他左右都不自在的人生——在入世和出世之间辗转,终成中国现代教育的别样开路人。

中西结合的家庭熏陶

为马相伯作传的人,大都喜欢将其家世追溯到宋末官至右丞相的二十一世祖马廷鸾和他的儿子、元代大儒、《文献通考》的作者马端临,以便为马相伯的人生道路寻找家世门风之类的精神传承。这种做法也许具有一定的合理成分,毕竟在传统中国社会,家族中的知名人物,哪怕历史久远,也能在后辈子孙心中燃起强弱不一的灯火。不过,与先祖的榜样作用相比,传统中国社会普遍的社会心理和价值取向——士农工商的价值排序——对马相伯的影响也许要更加直接、明显和强烈,毕竟这种普遍的意识形态是马相伯生活的那个时代活生生的、弥漫性的现实。

然而,马相伯未来人生道路的发端,也许更多是其天主教家世门风。

没错,马相伯不只出生于一个天主教家庭,而且是出生于天主教世家,其父系祖辈大约在明末万历年间后半期、母系祖辈大约在清初康熙年间皈依天主教。他的父母、祖父母、外祖父母均属天主教"教友"。马相伯本人亦在刚刚满月后,便被抱到丹徒城内——没错,这位曾用建常等名,后改为良(字相伯)的丹阳人出生在丹徒——一所教堂受洗,教名若瑟(Joseph)。

人们也许会问,康熙之后,清廷不是禁止传教士在华传教了吗?

不错,由于持续不断的礼仪之争,康熙索性对传教士在华传教一禁了之:"只可说得西洋等小人如何言得中国之大理。况西洋人等,无一人通汉书者,说言议论,令人可笑者多。……以后不必西洋人在中国行教,禁止可也,免得多事。"此后,清廷禁教日严,在华天主教徒人数急剧萎缩,但天主教在华并未绝迹,有些家族依旧世代保持着原初的信仰,马相伯祖居地马家村就是一个聚族而居的天主教村落。

在厉行禁教的时代,天主教的家世意味着马氏家族基本无望敲开"学而优则仕"的大门。因此,马相伯虽然自五岁起就入塾读了七年经书,"在家塾读毕四书五经",据说还通过了童试,中了秀才,①但通过传统手段博取功名,恐怕不是这个家族的首选项,读书也许只是意味着家庭对知识、文化的尊重,意味着争取做个读书人或者"喝过墨水"的商人。正基于此,人们常说"马家世业染色,渐以致富",而未见有人说马家有谁出仕。马相伯的父亲松岩先生早年以议叙监生而开馆授徒,大抵也是因少时体弱多病弃织从教的缘故。至于有人谓其"一生不曾做官",可以想见,一介监生,自是宦游无望;"久病成医"而后成为郎中,继而再开药铺、米布店,由儒及医,终至儒、医、商三位一体,也是顺乎自然的人生。马氏三兄弟若不是遭逢时代巨变,成年后大概率也会重走其父的商贾之路。

对这样一个家庭而言,即便未逢国难变故,围绕科举考试的传统教育也很难给予马相伯苦尽甘来的动力。更何况,与这种教育相适应的教学方式,通常也很难激起一般幼童的学习兴趣。宏阔的时代变局所激发的对传统教育的普遍否定,在马相伯这里尤其容易与个人学习经历中的被动性和厌弃感产生共振。

---

① 李天纲:《信仰与传统——马相伯的宗教生涯》,朱维铮等著《马相伯传略》,上海:复旦大学出版社,2005年,第105—106页。

> 中国的经学真正害死人！我从小的时候，有一位经学家时时为我讲解经书，常常为一个字，引经据典讲了两个钟头。他把从前各家对于这一个字的解释一句一句地背将出来，甚至连这些经学家的名字都说得一点不错，却是对于我一点也不发生好影响。他两钟头口讲指画地累得要死，我却不耐烦地告诉他，即使先生所背的这些经解都不错，究于我有什么益处呢？①

马相伯晚年对传统教育的这段内心剖白，无疑就是这种共振的吐露；而他花甲之际决心投身新式教育，最终跻身中国现代教育第一代开路人，固然同后文将要详述的其西学背景直接相关，同时也是这种共振驱动的结果。

这种学习的被动性和厌弃感，并不意味马相伯没有打下深厚的中学根底。其在中国传统文化上的造诣，虽比肩不了并世大儒，但足敷他做中西文化的比较观照（笔者此语似有夸大之嫌，但"足敷"不等于"只敷"，笔者此言只在强调马相伯在传统文化上的造诣对其人生的影响）。这种比较观照，既包括对两种文化之间差异与冲突的认知和文化取向的选择，也包括对彼此相通或类似之处的发现和印证。

就前者而言，一个顽强保留着原初信仰的天主教世家，

---

① 马相伯口述，王瑞霖笔录，王红军校注：《一日一谈》，桂林：漓江出版社 2014 年，第 111 页。

虽然可能会因中国传统文化的影响，适度调整自己的观念，但在核心认知方面，必然是从沉淀至深的宗教观念出发，以怀疑、批判的眼光审视中国传统文化，而不会为对方所改变。譬如马相伯曾经在《一日一谈》中谈到基督教观念对自己的影响。

> 我因为受了家庭的影响，对于人生观和世界观都已能不为那时中国社会传统的见解和习染所拘束。中国人对于儿童总是喜欢灌输其鬼神观念：平时往往以鬼怪之说，恐吓儿童，又因他们无论吉凶祸福都要求神拜庙，不知不觉就把儿童小小的心灵弄成一种愚昧无知、盲从迷信的状态，我幸而没有受过这种摧残。所以我对于当时士大夫所视为神圣不可侵犯的天子，看得也很平常，我因宗教的启迪，又知道天子也和我们一样，同为造物[主]所造，同是有生有死，在上帝面前，同是平等，并没有什么神奇。

以马相伯家族为代表的天主教家庭，在厉行禁教的年代，未必敢于公开直陈这样的观点，但类似的核心信仰，一定会构成其思想观念的底色。

就后者而言，譬如马相伯在《一日一谈》中曾谈到两种文化在许多方面是相通的。

> "孝"之一字,实则就是"爱"的一个注脚,这在西方语言上表现得非常明显,英、德文你是读过的,德人之言"爱"曰Liebe,英人之言"爱"曰Love,所谓Liebe与Love,施之于父母则为"孝",施之于子女则为"慈",施之于兄弟则为"友"与"悌",施之于同国之人而推及于全人类则为"仁",所以孔子说"资于事父以事母,而爱同;资于事父以事君,而敬同"(《孝经》士章第五)。又说:"不爱其亲而爱他人者,谓之悖德;不敬其亲而敬他人者,谓之悖礼。以顺则逆,民无则焉"(同上圣治章第九)。可见所谓"孝"就是人子对于亲的"爱"。

又如张若谷在《我所见闻的马相伯先生》中所录:

> 凡事总要照造物主的意思做去。譬如人要勤劳,才能活命;人要互爱,才能生存。书上说:天降下民,天生蒸民,也是这个意思。从前唐明皇与杨贵妃,那样卿卿我我,说什么在天愿学比翼鸟,在水化为比目鱼,无非是要得"永"爱罢了。

正因为马相伯熏染了浓厚的中国传统文化,因而他的传教带有典型的儒家思维特点,颇近于宋明理学,其《宗教在良心》《〈圣经〉与人群之关系》诸文皆是如此。

时人和后人在观察这段文化交流史时,大都倾向于突出两者之间的差异或者冲突,而较少关注两者之间的共通或类似之处。从宏观历史角度看,这么做兴许无可厚非,但具体到历史细节方面,也许需要具体对待。就马相伯所接受的家庭熏陶而言,马相伯仗义疏财的品格,自是同其父母的身体力行和谆谆教诲密切相关,但我们大可不必将其父松岩、其母沈氏勤俭节约而又乐善好施的品格作全盘的单一归因,只能是要么来自中国传统儒家文化,要么来自西方天主教文化,毕竟两种文化中都富含这种基因。正因如此,基于松岩先生怜贫惜弱的善良品质,乡邻都喜欢称他为"善士"或者"儒医"。再以马相伯一生笃行的克己品格为例,马相伯将其归因于天主教家庭教育的影响,自无不可:"我们家庭奉天主教由来很久,……我的外公外婆也是奉天主教的。我小时,母亲教导我极为严厉,对于我的一举一动,一言一行,都不肯忽视。……中国社会治家的格言是'严父慈母',然我因母亲督教甚严,却养成一种严肃的克己观念,后来处世接物之不肯薄待人或对人无礼,皆在此时种下了因子。"但显然这种克己观念,在中国传统礼教中同样处于突出地位。

最后需要说明的是,当我们说马相伯受到中西文化的共同熏陶时,只是指明了其所受家庭教育的主要成分,并不意味着其智识来源只限于儒学和天主教,笔者这里所说的儒学、天主教,只不过是中国文化传统和西方文化传统的代名词而已。按朱维铮先生的说法,马相伯最爱引证的是《墨子》《公孙龙子》这类墨家、名家古籍中的哲理;他服膺的中国历史名人,首推苏辙,次为陆贽;他一生中引用最多的,则是古罗马政治家西塞罗。(马相伯呼其为季宰六,倒是别具雅意。)

入会退会为哪般

1842年也许是影响马相伯思想轨迹和人生道路的关键一年。是年,有两件事对马相伯的未来产生了重大影响。

第一件事,侵华英军在镇江遭遇中国军民殊死抵抗,损失惨重,遂于破城后烧杀抢掠,使镇江沦为人间地狱。英军攻打镇江之际,时已定居镇江的马家举家逃难,回马家村暂避。年幼的马相伯对此情景自是不太可能留下印象,但可以推想,发生在自己身边乃至身上的这段经历,必然会被家人、乡亲时常提起,成为马相伯国难教育的基底。

第二件事,不仅在中国曾被禁止,而且在欧洲一度被某些国家取缔,并于1773年被罗马教皇解散的天主教耶稣会,在重新恢复不到20年后,于该年趁势重返中国,其在华事务由法国耶稣会负责。两年后,法国依《中法黄埔条约》第二十二款之规定,正式获得在华"建造礼拜堂、医人院、周济院、学房、坟地各项"权利。正是在这种背景下,上海法国耶稣会在1850年参与江南水灾救助期间,收留了12名教内外儿童,并尝试给他们一定的教育,是为徐汇公学(时称依纳爵公学,依耶稣会创始人圣依纳爵·罗耀拉命名)的肇始。

1851年,马相伯只身来到上海董家渡大姐家(马相伯大姐是马家长女,时已出嫁,夫家为青浦籍天主教世家、上海沙船业巨头朱氏家族),不久即进入距董家渡十余华里的徐汇公学。此后19年间,马相伯除1852年参加江南乡试短暂离开外,都在接受耶稣会的教育。马相伯先是在徐汇公学习中文、拉丁文、人文课、哲学、教理以及英语、法语、历史、地理、算术等课程;1862年再入新成立的徐家汇耶稣会初学院,成为耶稣会修士,从事看护伤病等慈善工作;1864年修习期满后,以读书修士身份入徐家汇修道院研修哲学以及中国文学与拉丁文学,以预备将来前往公学教授文法或文学;两年后正式进入徐家汇修道院,先是专攻西方哲学和数学,而后攻读神学。1870年,马相伯通过耶稣会通考,获神学博士学位,并被接纳为会士,随后前往南京圣玛丽学院进修科学。1872年后出任母校徐汇公学校长。

马相伯的从教之路似乎注定不自在。

徐汇公学虽是教会主办的学校,但并非完全是教友子弟学校,而且即便是教友子弟,也可以参加科举考试,虽然几无登第可能。因此,从建校伊始,徐汇公学就在重演二百年前天主教在华传教的路线之争,一派主张将学校办成纯粹的神学院辅助教学机构,走刚性传教之路,一派主张效仿当年耶稣会士,兼顾中国国情,走柔性传教之路。马相伯本人幼时所受的文化熏陶和当年在徐汇公学所接受的教育,让他成为柔性派的坚定拥护者和践行者。1873年,马相伯率学生参加童试,很多学生都中了秀才,此举被刚性派质疑为企图将学生变成"异教徒"。此后马相伯一再被边缘化,直至被雪藏,最终心灰意冷,步其弟建忠后尘,于1876年退出耶稣会,弃教从政。

马相伯不自在的从教之路,早有预兆。

前文曾提到中西文化之间的共通或类似之处。但在具体呈现形式上,这种共通或类似之处,却可能迥然有别,即便是同一件事情上,都会出现这种"奇观"。马相伯当年在徐家汇修道院修业期间到徐州进行传教实习时,恰逢徐州发生特大水灾。马相伯向身为淮军粮台的兄长马建勋"化缘",然后拿着其兄捐赠的银两赈济灾民,事后被耶稣会禁闭"省过"。马建勋带着一票人马前往徐家汇修道院讨要说法,理由是:"我用自己的钱救中国灾民与你们外国人有什么相干?"马氏兄弟的慈悲之举,固是两种文化共通的证明。但此事的处理,的确存在微妙之处。马建勋后来以普通天主教徒身份出面讨说法,强调这是他自己出的钱,由自己来赈济灾民,让上海耶稣会方面无法反驳。但此笔银两倘若不仅是马相伯"化缘"得来,而且是由马相伯经手赈济的话,从严格意义上说,马相伯未办教会手续,直接动用银两,确实违反了耶稣会的教规,因为马相伯不是普通信徒,而已经是耶稣会士。事实上,早在1864年他在徐家汇初学院修习期满、决定进入修道院之前,马相伯就知道耶稣会这方面的教规,并宣过誓,发过愿。只是要做到深刻领悟、知行合一,有时确实需要经过磨难、彷徨、总结与反思。黑格尔曾言:"对于同一句格言,出自饱经风霜的老年人之口与出自缺乏阅历的青少年之口,其内涵是不同的。"我想,黑格尔的这句话,用在马相伯身上,也是合适的。

有意思的是,在这种迥然有别的具体呈现形式上,我们又可以窥见中西文化之间深刻的文化差异乃至冲突。

耶稣会讲严格按教规办事,时刻警惕非天主教文化对天主教徒的影响,因而在耶稣会看来,马建勋虽然表面上是天主教徒,但由于中国传统文化的影响,本质上已经不是地道的天主教徒,包括徐州赈灾事件以及马相伯离开耶稣会,都离不开马建勋的影响:"近年来……他过于愿让他的哥哥对他施加了不好的影响。"[①]因此,回过头来看,刚性派对柔性传教的否定以及1873年对马相伯的指责,马建勋对马相伯产生的所谓"不良"影响就是他们唾手可得的"证据"。

当这种文化上的差异乃至冲突又同国难、民族身份、个人经历缠绕在一起的时候,嫌隙必然发展为鸿沟。

同二百年前耶稣会基本凭借自身力量进入中国形成鲜明对比,这次耶稣会重返中国,背靠的是西方列强的坚船利炮。时移世易,二百年前和二百年后,西方世界对中国的认知也已经发生了巨大变化,如果说当初西方世界对中国是取某种平等姿态,甚至带有某种赞扬的话,那么进入19世纪以后,他们对中国的看法便完全颠倒了过来。这种大环境,不能不对耶

---

① 薛玉琴、刘正伟:《马相伯 马建忠 马玉章》,石家庄:河北教育出版社,2003年,第66页。

稣会产生一定的影响,让其很难摆脱当时西方一般教会普遍带有的优越感、特权意识、强势乃至专横作风。对当时的马相伯来说,大到民族的屈辱、国人的抗争,小到自己儿时的颠沛和如今的遭遇,当年发生在镇江的往事,连同自己所见证的时代变局和亲历的歧视,不能不让他对教会的上述那些做法产生反感、愤懑乃至反抗。马相伯晚年不止一次谈到,"洋人自以为是天之骄子,根本看不起中国人,可是我们中国人切不可自卑自辱,对他们奴颜婢膝,要有民族自尊感,要有维护国家民族尊严的反抗精神。应该无所畏惧,理直气壮,压倒他们,才称得起中华儿女"。

螺蛳壳里,尽心做教育的道场

马相伯的从政之路同样注定不自在。

马相伯的原生家庭,友悌之风甚浓。马相伯长姐对马氏三兄弟幼时的照顾自不待言;马家辗转迁居上海后家业昌隆,也与姻家不无关系。马建勋 1870 年在徐州赈灾时对马相伯鼎力支持和亲自出马替二弟讨要说法,自是无需再次赘述;马相伯、马建忠转战政坛,也是得力于其兄的大力引荐。至于马相伯、马建忠的政坛颠簸,真真就是一对名副其实的难兄难弟。

此处不必详述马相伯在政坛的作为及其中的颠簸、光彩与屈辱,只消说在一个急需西学而又排斥西学、洋教大举进入中国而又遭到激烈抵制以致"教案"频发的年代,西学傍身的天主教徒马相伯生逢其时,又生不逢时。"三千年未有之大变局"给了马相伯宦游的机会,但马相伯始终都只能算是半个官场上的人物(马氏兄弟皆是如此)。虽然重返教会之后,马相伯始终没有放弃政治,但基本上也只是一个较具影响力的边缘化政坛耆宿而已。

虽不能说马相伯、马建忠兄弟在晚清政坛上空有一番见识与抱负而全无用武之地,但举步维艰确属常态,尤其是他们付出的许多对民族、国家大有裨益的努力,不仅屡屡付诸东流,而且频遭蜚语。马氏两兄弟有所作为的机会越来越少。因此,1890年,身心俱疲的马相伯退出政界;马建忠也基本闲居上海,李鸿章有需要时召之即去,事成即退。

回沪后的马相伯,也许是因为家庭屡遭不幸的缘故,开始趋向纯粹的灵性生活。1895年,马母沈氏去世。马母一生笃信天主教,对马相伯和马建忠离开耶稣会一直耿耿于怀。马母临终前对马相伯说:"我的儿子是神父,你既已不是神父,我亦不认你是我的儿子。"母亲临终前的责备,是马相伯一生接受的最后一次来自家庭的教诲。两年后,在昔年同窗好友沈则恭神父的指导下,马相伯经过长达一个月的避静,重返耶稣会。

"归俗"期间,马相伯曾组建家庭,并育有二子一女,后妻子和长子均不幸亡故。1897年重返耶稣会时,马相伯结合耶稣会神贫、贞洁、听命(即：绝财、绝色、绝意)"三愿"要求，把名下绝大部分家产捐献给天主教江南司教收管，并将尚未成年的一对儿女托付给教会抚养，此即马相伯捐产兴学之始。

彼时的中国，现代教育意识乍起。法国政府和同法国关系密切的天主教江南传教区，基于国家利益和宗教利益的考虑，也开始谋划由天主教江南传教区出面在中国兴办高等教育。马相伯作为较早一批接受西学教育的人士，先是从事了五年的西学教育工作，而后在新旧冲突的政治染缸中度过了十多年的洋务人生，离开政坛前又直接从美国前往西欧，对西方的政务民情尤其是高等教育作了一番深度考察，因而对现代教育之于中国的意义，自是"春江水暖鸭先知"。当然，深谙世事的马相伯深知，仅凭一己之力难以成事，教会应是自己办学的倚靠和保障。因此，曾受马相伯、马建忠点拨并引二人为知己的梁启超在"百日维新"期间，邀请马相伯主持新政拟办事业之一的译学馆，并通过法国公使请天主教江南传教区主教倪怀纶(Valentin Garnier)予以批准时，法国政府、天主教江南传教区和马相伯本人不仅予以了积极回应，甚至立即着手对这一拟议中的机构进行规划。

随着"百日维新"的失败，译学馆的规划自是胎死腹中。然而，马相伯并未放弃借助教会力量兴办"中西大学堂"的梦想。法国政府和天主教会方面自然也在等待时机。

1902年11月23日，南洋公学为培养西学"桢干大才"招收的特班生，因在"墨水瓶事件"中"结伴闹学"而遭退学。以项骧为首的部分同学遂倡议自行办学,并前往同他们意气相投的马相伯处商议。双方一拍即合。马相伯不仅出面主持办学,还争取到耶稣会资助,将徐家汇天主堂老天文台旧屋作为校舍。震旦学院由此诞生。马相伯创办中西大学堂的梦想,在1903年2月27日终于成真。

深受天主教文化和教育救国理想熏染的马相伯,秉持师生共同确立的平等、自主的办学新风,唯掌教务,学校行政事务则由学生自主管理。由共同理想走到一起的师生,很容易在办学宗旨"广延通儒,培成译才"以及由此确定的办学方针"崇尚科学、注重文艺、不谈教理"上达成共识。

毋庸讳言,震旦创校依托的是耶稣会的力量。教会方面不仅提供了校舍,教会长老也在震旦义务执教,马相伯本人也是以耶稣会会士身份出面主持。因此,就马相伯和震旦学生来说,办学主体固为自己,借助教会的力量仅是权宜之计,但法国和耶稣会必然出于自身各方面的考虑,在办学过程中力求贯彻自己的意志,剥夺马相伯和震旦学生的办学自主权,改变震旦的办学宗旨和办学方针。最终,震旦学生全体退学,宣布震旦学院就地解散;耶稣会则宣布震旦学院并未解散,继续招生办学。

两难之下的马相伯,最终找到了两全之策。一方面,在社会各界的帮助下,同学生一道另组学校,此即众所周知的复旦;另一方面继续保持同教会方面的关系,虽然此后他并未困守在教会,甚至在政坛上时不时被委作招牌,但作为个人依旧坚守教士的本分，不仅没有抽回捐给震旦的基金，而且通过再捐和三捐，将家产悉数献给了震旦学院，甚至将学生在其子马君远病故时筹集的、为其寡媳邱任我和幼孙马玉章作教养费的万元资金，捐给了创办于法国、接受耶稣会神师指导的拯亡会在上海创办的教会学校启明女校。

当然，另行组织的学校，不管从经费保障的角度，还是从政治保障的角度，都必须有所倚靠。这倚靠，在那个时代不是教会，就是政府。教会这条路对于新生的复旦来说，已无可能。因而，以学生自立自强为基底的复旦，背后虽站着严复、曾铸、汪诒年、汤寿潜、张謇、熊希龄、袁希涛等一众社会贤达，但仍需来自官方的鼎力支持。而这同时也意味着，马相伯只能在官方控制的公学螺丝壳里扑腾，依旧无法自由安放自己的梦想。

1906年，马相伯去职，复旦公学先后由严复和江苏提学使夏敬观主持。1909年夏敬观挂冠而去，来自商务印书馆的高凤谦勉力撑了一年，旋即回归商务。彼时的复旦公学，在满清王朝风雨飘摇之际，也处在摇摇欲坠之中。复旦公学危难之际，古稀之年的马相伯再度挺身而出，苦撑危局，拉扯着学校从晚清熬向了民国，让复旦再度获得新生，让世人见证了"日月光华，旦复旦兮"的真谛。

马相伯一生为人称道的，是他在中西文化结合的家庭熏陶和理性锤炼之下养成的"急公好义、谋国忧民"的崇高品格。

这种崇高品格不止体现在上文言及的冰山一角,还体现在基于自身信仰甘为志同道合的政治人物站台,接手烫手山芋北京大学,同袁世凯交往不卑不亢,竭力推动仿照法兰西学术院创建函夏考文苑,助力英敛之创办辅仁大学,推动中国教会自主运动,拖着年迈之躯为抗战东奔西走,如此等等,无一不是对这八个字的鲜活诠释。

这八个字有如"日月光华,旦复旦兮",贯穿了马相伯的整个人生。

第二章

蔡元培 ▶ 宋儒崇拜之谜

凡天下事,无传奇,难远播。

话说绍兴城内,有一座小山,名蕺山。一日,王羲之"在蕺山见一老姥,持六角竹扇卖之。羲之书其扇,各为五字。姥初有愠色。因谓姥曰:'但言是王右军书,以求百钱邪。'姥如其言,人竞买之。他日,姥又持扇来,羲之笑而不答"。(《晋书·王羲之传》)

正史所载,其意不外乎"其书为世所重,皆此类也",而这"笑而不答"却可以生出许多活灵活现的演绎来。譬如,王右军奋力掷飞手中之笔,转身躲进一条小弄。躲身处,便是后之躲婆弄;笔飞处,即为后之笔飞坊。

笔飞坊内,有条弄堂,名笔飞弄。有意思的是,从这条弄堂里竟走出了这么一位考生,其人 1890 年往北京参加会试,却因"自量"字写得不好,而"殿试朝考的名次均以字为标准",遂决定"留俟下科殿试",准备利用接下来的两年时间,好好练字。

1892年，这位考生再度前往京城，"补应殿试朝考"。据其自陈，"向来殿试卷是专讲格式，不重内容的……我那时候也没有拘格式，而且这两年中也并没有习字，仍是随便一写"，结果竟被取为二甲进士。原来，阅卷时出现了这样戏剧性的一幕：有位阅卷大臣，说这份答卷用的不是标准的馆阁体。时任主考官汪鸣銮看后说，"他是学黄山谷的"。"于是大家都在卷子后面圈了一个圈，就放在二甲了。"①

这位朝考后即充翰林院庶吉士的二甲进士，就是后来被誉为"学界泰斗，人世楷模"的伟大教育家蔡元培。

别样的"力行近乎仁"：刲臂医母及其他

毋庸讳言，和同时代的知识分子相比，这位晚清翰林的书法确实不算出众。多年以后，钱玄同曾问蔡元培："你的字写得这样蹩脚，为什么可以点中翰林？"蔡元培不仅毫无愠色，甚至未曾面露一丝尴尬，而是带着微笑，温言答道："因为那年主考官最喜欢黄庭坚的字，我少年时刚巧学过黄体，所以能中试。"②其仁厚谦逊，可见一斑。

这位仁厚谦逊的长者，当年以黄庭坚的字体中试，固然颇

---

① 蔡元培著，崔志海编：《蔡元培自述》，郑州：河南人民出版社，2004年，第23页。
② 张晓唯：《蔡元培评传》，南昌：百花洲文艺出版社，2010年，第168页。

富无巧不成书的传奇色彩,但偶然中也许透出了几分必然。其间究竟关系如何,此处暂不细考。至于他少时临习黄体,固然也许是出于对黄庭坚的仰慕,或是受谁的影响,亦有可能只是兴之所至,背后也许未必有什么值得说道的缘由或值得挖掘的故事。不过,他和黄庭坚之间,至少在一件事上何其相似!

众所周知,黄庭坚系北宋著名文学家、书法家,在书法方面同苏轼、米芾、蔡襄齐名,并称"宋四家",在文学造诣上,则与苏轼齐名,合称"苏黄"。除此之外,他还是《二十四孝》中"涤亲溺器"的主角,即便身居高位,每晚都要亲自为母亲洗涤便桶,"未尝一刻不供子职"。

本文主人公也有相仿故事。这从其自述中可窥一斑。

> 我母亲素有胃疾,到这一年(1885),痛得很剧,医生总说是肝气,服药亦未见效。我记得少时听长辈说:我祖母曾大病一次,七叔父秘密割臂肉一片,和药以进,祖母服之而愈,相传可延寿十二年云云。我想母亲病得不得了,我要试一试这个法子,于是把左臂上的肉割了一小片,放在药罐里面,母亲的药,本来是我煎的,所以没有别的人知道了。后来左臂的用力与右臂不平均,给我大哥看出,全家的人都知道了。大家都希望我母亲可以延年,但是下一年,我母亲竟去世了。当弥留时,我三弟元坚,又

> 割臂肉一片,和药以进,终于无效。我家还有一种迷信,说割臂事必须给服药人知道,若不知道,灵魂见阎王时,阎王问是否吃过人肉,一定说没有吃过,那就算犯了欺诈的罪。所以我母亲弥留时,我四叔母特地把三弟刲臂告知,不管我母亲是否尚能听懂。

刲臂医母,自是迷信,且是那个时代普遍的迷信。小蔡元培15岁的浙江同乡蒋百里,年少时也曾有过割肉医母之举。从迷信角度看,刲臂医母的原理,和鲁迅小说《药》中人血馒头同出一辙,只是——老栓的馒头和的是别人的血,蔡元培他们刲臂医母割的却是自己的肉。荒诞无稽的迷信,无疑是必须摒弃的糟粕,但这刲臂医母的迷信之举,同时却也说明了整个蔡氏大家族的家庭教养。在剥离这种家庭教养的迷信成分后,我们终究还是可以窥见其中蕴含的那份纯粹的品格。

蔡元培刲臂医母这一年,已经是十八九岁的年纪,且以秀才身份先后在两户人家担任塾师,并于同年赴杭州参加了乡试。至第二年母亲去世后,则在伯乐田春农的介绍下,前往藏书家徐友兰家,为其子徐维则伴读,同时为徐家所刻书籍校勘。如果说,蔡氏兄弟刲臂医母在医学落后迷信盛行的彼时尚具一定时代合理性的话,母丧期间蔡元培的寝苫枕块之举则属纯粹的"拘迂"。

所谓"寝苫枕块",顾名思义,即指睡在草苫上,用土块当枕头,是古时宗法规定的居父母丧的礼节。《礼记·问丧》有云:"成圹而归,不敢入处室,居于倚庐,哀亲之在外也;寝苫枕块,哀亲之在土也。"蔡母去世,蔡元培居母丧,"必欲行寝苫枕块之制,为家人所阻,于夜深人静后,忽挟枕席赴棺侧,其兄弟闻之,知不可阻,乃设床于停棺之堂,而兄弟共宿焉"①。

又,按黄世晖所记蔡元培口述,"母丧既除而未葬,其兄为之订婚,孑民闻之,痛哭,要求取消,自以为大不孝。其拘迂之举动,类此者甚多"。

大家也许会疑问,笔者为何要小费笔墨来交待上述三则逸事发生时蔡元培的身份、年龄。诸君且请略加思索,便会得出和笔者相同的结论:蔡元培此种如今看来的愚孝和迂孝,是出自一位已经成年的、基本具备独立判断能力的知识分子的主动选择。这些主动选择,无论是愚是迂,皆呈现了蔡元培抱诚守真的处世品格,这种品格,构成了蔡元培的整个人生底色。洗脱如今看来的"愚""迂"尘垢,其"力行近乎仁"的信条一目了然。

何以事亲至孝:线索

细心的读者也许留意到,在刲臂医母这件事上,蔡氏全家

---

① 黄世晖记:《蔡元培口述传略(上)》,见蔡建国编《蔡元培先生纪念集》,北京:中华书局,1984年,第250页。

可谓心心相印;而在后两则逸事中,蔡元培的意见却与众人大相径庭。在这种鲜明的对比中,诸君也许还可以看到其中的"愚""迂"两分,并从这种带有普遍性的"愚"和不受世人待见的"迂"出发,结合蔡元培的秀才、塾师身份,为科举遗毒写个注脚。

然而,后两则逸事纯属丧礼问题,而蔡元培在考中秀才之前,并没有读过"丧礼"!

按蔡元培的自述,"那时候读经,专为应试起见,考试例不出丧礼题,所以不读'丧礼'",故当时读的是"删去'丧礼'之小戴记";而且由于考试"不可用四书五经以外的典故与辞藻,所以禁看杂书。"直到考中秀才后,可以自由读书了,蔡元培才"补读《仪礼》《周礼》《春秋公羊传》《穀梁传》《大戴礼记》等经"。更何况,读过这类经书的知识分子,如此严格循经躬行者极少,能做到五六成已算不错;大多数人只是将这类掌故作为谈资,或者偶尔拿它当作教化后辈的素材而已;更有甚者,在科举的指挥棒下,口是心非、洁言污行、嘴上都是主义背后都是生意者,也绝不在少数。

既如此,蔡元培何以在既没有经年累月的灌输,也没有科举的实用导向,更没有及时可以兑现的利益考量的情况下,便将其付诸实践了呢?

故事可以从蔡元培的业师王子庄说起。

据蔡元培口述,"子民自十三岁以后,受业于同县王子庄君。王君名懋修,亦以工制艺名。而好谈明季掌故,尤服膺刘蕺山先生,自号其斋曰仰蕺山房。故子民二十岁以前,最崇拜宋儒"。

不过,蔡元培的这段口述,虽有因果之论,但明显缺失因果链条,颇显突兀。从"最崇拜宋儒"这里,也难直接得出"是以事亲至孝"①的结论。好在其自写年谱可以与此相互印证补充,帮助我们一探究竟。

> 是年始就学于王子庄先生……他因为详研制艺源流,对于制艺名家的轶事,时喜称道,如金正希(声)黄陶庵(淳耀)的忠义,项水心(煜)的失节等。又喜说吕晚村,深不平于曾静一案。又常看宋明理学家的著作,对于朱陆异同,有折衷的批判。对于乡先生王阳明固所佩服,而尤崇拜刘蕺山,自号其居曰仰蕺山房。所以我自十四年至十七年,受教四年,虽注重练习制艺,而所得常识亦复不少。②

从这段文字中,我们也许可以看出,王子庄的教学,并不空谈心性,也不拘于应试的雕虫之技,其间一个重要目的,是诚意引导学生践履"为学之实,固在践履。苟徒知而不行,诚与不学无异"的信条。王子庄服膺刘宗周甚于服膺王阳明,显

---

① 唐振常:《蔡元培传》,上海:上海人民出版社,1985年,第3页。
② 蔡元培著,中国蔡元培研究会编:《蔡元培全集·第十七卷》,杭州:浙江教育出版社,1998年,第423页。

然不是因为刘宗周是本地人因而王子庄在感情上同其距离更近的缘故,而是出于别的原因。只消扫一眼他对金、黄、项、吕诸人及曾静案(即吕留良案)的态度,再稍览刘宗周坚不事清、绝食而亡的事迹及其所治之学,答案便不言自明。

王子庄的四年授学,既为蔡元培的科举之路打下了基础,更对蔡元培的人格塑造产生了重大影响,甚至为蔡元培日后加入光复会播下了种子。

不过,此处仍有两个疑问有待追问。

其一,蔡元培三弟蔡元坚、长蔡元培两岁的同窗好友薛炳(蔡元培第一次婚姻的介绍人,第一任妻子王昭的姐夫)也就学于王子庄,为何没有走上和蔡元培同样的道路呢？尤其是薛炳,才学甚高,但反对革新,当年在绍兴中西学堂时,恰恰站在蔡元培及马用锡(蔡元培表弟,治小学、经学,主张民权、女权,较蔡元培激进)的对立面。

其二,我们从上文蔡元培所述中,最多只能得出结论说,受王子庄的影响,蔡元培对宋代理学及理学家形成了比较深入的认知。如果真要崇拜某儒的话,在王子庄的影响下,蔡元培理应崇拜刘宗周才是。

我们且撇开第一个疑问,试着从第二个问题入手,来解开蔡元培何以"最崇拜宋儒"、何以"事亲至孝"的谜团。

对一个十几岁的少年而言,要在义理方面形成深刻认知,在问学方面达到足够高度,恐是例外,况刘宗周的学问,在王子庄那里,至少比肩朱陆。就此而言,深受王子庄影响的蔡元培,其所谓"最崇拜宋儒"恐是具体的个人,而非抽象的群体,这个(或几个)具体的个人极可能不是由于理学上的造诣成为蔡元培"最崇拜"的对象,而是因为他(他们)恰是蔡元培的人生榜样,最容易引起蔡元培情感上的共鸣。毕竟,偶像对少年的吸引力,首在精神榜样;至于高深的学问,怕是其次。

进一步,这所谓受崇拜的宋儒,固然可以是几个,但在这几个人当中,还可以再找到一个最受蔡元培崇拜的人。不消问,这个人就是——黄庭坚。

诸君或许会问,刘宗周的榜样作用难道不及黄庭坚?其人格魅力对蔡元培的影响难道不更直接吗?否则何以在蔡元培加入光复会问题上自圆其说?

答案很简单:王子庄在蔡元培心底播下的最重要的两粒种子,显然一是慎独精神和践履意识,二是"排满"意识。但这两者要在蔡元培身上实现结合,并最终生出具体行动,则需要有现实的培育,现实不发展到一定程度,种子决不至发芽并完成相互间的授粉,最终结出一串革命果子。

那么,这一时期蔡元培的人生榜样,为何是黄庭坚呢?

答案就藏在"涤亲溺器"里。

涤亲溺器作为孝道掌故,家喻户晓。它既是切实的理学实践,又来自一位誉满天下的学仕两栖名儒。这在不仅具备初步理学知识、熟悉宋代理学家,而且被经年累月地灌输孝道观念和践履意识的少年蔡元培那里,不能不留下一定印象。

进一步,一旦我们了解到黄庭坚不但是制艺名家,而且同蔡元培一样,也是少时失怙,唯有母伴,会是如何?!

或许有人会说,仅凭这,不足以让蔡元培以黄庭坚为榜样"事亲至孝",但再进一步,一旦我们感受到蔡氏家族浓厚的孝悌氛围,了解到蔡母的艰辛付出,了解到其在蔡元培的人生道路和人格健全上给予的积极、健康、明理的言传身教,又会如何?!

何以事亲至孝:答案

据蔡元培自述,其于 1868 年初(阴历 1867 年底)生于山阴一个商贾之家。祖父蔡嘉谟为当铺经理,少时勤学苦读,"以俭省稍有积蓄,所以为祖宗置祭田,为子孙购地造屋,做成小康的家庭"。嘉谟公生子七,其中:三子从军不归,无音讯;六子读书,为田氏塾师;余皆经商。蔡元培父蔡光普任钱庄经理,是家中长子。蔡元培外祖父家周氏、大姨母家范氏、四叔母家王氏,家境均可,且都住在笔飞弄。此外,据晨朵称,其在《浙江乡试年齿录·己丑恩科》中发现,蔡元培祖父为"国子监生,议叙从九品监提举衔,诰赠奉直大夫",蔡元培父亲亦为"国子监生,议叙从九品",蔡元培外祖父姓周名慎,也是国子监生。① 当然,此处的国子监生、议叙从九品、监提举衔、奉直

---

① 晨朵:《蔡元培中举资料的新发掘》,载《绍兴师专学报》,1989(3),第 36 页。

大夫,都是虚名,与学、仕关系不大,只要在经济社会方面有一定地位,均可取得;但这恰恰足以说明彼时蔡元培家庭的殷实。按蔡元培的回忆,在蔡父去世之前,"亲戚往来,总是很高兴的,我们小孩儿,从不看到愁苦的样子"。

1877年,蔡父去世,留下13岁的元玢、11岁的元培和9岁的元坚兄弟三人。蔡父生前为人长厚,"家中人至以'爱无差等'笑之",亲朋借贷从不要借条,"有贷必应,欠者不忍索,故殁后几无积蓄"。蔡父去世后,"诸友皆自动来还,说是良心上不能负好人"。蔡父生前好友章叔翰先生在悼念蔡父的挽联中,对蔡父的这种宽厚作了如下概括:"若有几许精神,持己接人,都要到极好处。"蔡元培自陈,其宽厚的性格,即得自父亲。

由于家境优渥,蔡元培6岁时便进了家塾,由塾师周老夫子到家上课。蔡父去世后,亲友提议"集款以充遗孤教养费",只是在蔡母力辞之下,大家方才作罢。由于断了经济来源,蔡家也便不可能再设家塾,于是在家人的安排下,蔡元培先去姨父范氏家塾附读,一年后入蔡家对门李申甫先生所设的私塾读书。人们一般只知道蔡元培有位授业恩师王子庄,实际上,除王子庄和这里的周老夫子、李申甫两位外,蔡元培还有三位授业师,其中一位便是蔡元培的六叔蔡铭恩(字岷山,又字茗册)。①

---

① 晨朵:《蔡元培中举资料的新发掘》,载《绍兴师专学报》,1989(3),第36页。

据蔡元培自述,蔡铭恩先是考中秀才,后补廪为廪膳生,并以廪膳生身份考中举人,是家族中第一位"读书登科之人"。① 以下是蔡元培在自身学业方面有关叔父蔡铭恩的三则回忆。

> 孑民有叔父……工制艺,门下颇盛。亦治诗古文辞,藏书亦不少。孑民十余岁,即翻阅《史记》《汉书》《困学纪闻》《文史通义》《说文通训定声》诸书。皆得其叔父之指导焉。
>
> 我十六岁,考取了秀才,我从此不再到王先生处受业,而自由读书了。那时我还没有购书的财力,幸而我第六个叔父茗珊先生有点藏书,我可以随时借读,于是我除补读《仪礼》《周礼》《春秋公羊传》《穀梁传》《大戴礼记》等经外,凡关于考据或词章的书,随意检读,……
>
> 我自十七岁以后因不再受王子庄先生之拘束,放胆阅书。六叔父茗珊先生所有之书,许我随意翻阅,如《说文通训定声》《章氏遗书》《日知录》《困学纪闻》《湖海诗传》《国朝骈体正宗》《绝妙好词笺》等,都是那时候最喜读的书。

仔细琢磨、对比上述三则史料,可以看出,蔡元培不仅在

---

① 蔡元培:《我的人生观》,北京:中国工人出版社,2013年,第6页。

读书过程中得到了叔父的指导,而且在蔡元培17岁之前,叔父也对他看什么书有所限制——乍一看,蔡元培似乎是因为考取了秀才之后,便摆脱了王子庄先生的拘束,从而可以"自由读书",但看看他在入王子庄私塾前在叔父那里读的书籍,显然不是蔡铭恩让他随意检读的。而17岁之后蔡元培在叔父那里的"放胆阅书",则以别样的方式为蔡元培未来的科举之路打下了坚实的基础。此是后话,暂且不表。

按照蔡元培的说法,在读了《国朝骈体正宗》《绝妙好词笺》这类书籍之后,"于是就学作散文与骈文,每有所作,春农先生必大加奖励,认为可以造就,所以介绍我到徐氏,一方面固为徐君择友,一方面为给我以读书的机会"。田春农何许人也?前文已略有交待,但笔者前文未加说明的是,蔡铭恩恰恰就是在田氏家塾做塾师,他的东家就是田春农。

蔡铭恩不仅是蔡元培的科举领路人,而且是蔡元培的科举同路人,甚至蔡元培当年两次赴童子试,都是蔡铭恩送他进的考场。蔡元培1885年第一次赴杭州参加乡试,亦是同蔡铭恩一道前往。

在蔡元培人生成长过程中,付出最多的,无疑是蔡母周氏。

我们且从最直观、最具体的两件事说起。这两件事,一为起早,一为熬夜。

蔡元培两次赴童子试,"每次考试的点名,总在黎明以前",因此蔡母每次都是"夜半即起煮饭,饭熟乃促我起"。由于每次童试要经过县考、府考、道考(院考)三个阶段共 12 场考试,仅这两次童试,蔡母要辛苦多少次,可想而知。

在拜王子庄为师期间,蔡元培所做八股文,"有不对的地方,王先生并不就改,往往指出错误,叫我自改。昼间不能完卷,晚间回家后,于灯下构思,倦了就不免睡着,我母亲常常陪我,也不去睡"。有意思的是,"有一次,母亲觉得夜太深了,人太倦了,思路不能开展了,叫我索性睡了,黎明即促我起,我尔时竟一挥而就"。蔡元培自陈,"我终身觉得熬夜不如起早,是被母亲养成的"。

周氏对蔡元培的影响,当然不会仅囿于学习,其日常的为人处世和教子有方,更是直接塑造了蔡元培的品格。

前文曾谈及,蔡父去世后,亲友提议"集款以充遗孤教养费",遭周氏力辞。经济渐入困顿的蔡家,好在尚有"诸友皆自动来还"的欠款勉力支撑。周氏凭借这些还款,兼以变卖首饰,克勤克俭,将三兄弟抚养成人,并勉之以"自立""不倚赖",由是养成了蔡氏兄弟"不苟取"的良好品格。

蔡氏兄弟还有一种品格"不妄言",也"得诸母教"。

> 我母亲是精明而又慈爱的,……我母亲最慎于言语,将见一亲友,必先揣度彼将怎样说,我将怎样对。别后,又追想他是这样说,我是这样对,我错了没有。且时时择我们所能了解的,讲给我们听,为我们养成慎言的习惯。

蔡母教育子女的方式方法，亦令蔡氏兄弟受益良多。

> 我母亲为我们理发时，与我们共饭时，常指出我们的缺点，督促我们的用工。我们如有错误，我母亲从不怒骂，但说明理由，令我们改过。若屡诫不改，我母亲就于清晨我们未起时，掀开被头，用一束竹筷打股臀等处，历数各种过失，待我们服罪认改而后已。选用竹筷，因为着肤虽痛，而不至伤骨。又不打头面上，恐有痕迹，为见者所笑。我母亲的仁慈而恳切，影响于我们的品性甚大。

在证人书院讲学时，刘宗周将知分为真知和常知，"夫知有真知，有常知。……颜子之知，本心之知，即知即行，是谓真知。常人之知，习心之知，先知后行，是谓常知"。

孝的本质，是爱。这种爱，从表面上看，是对父母之爱的回馈，这也是人们惯常的说辞，虽则带有几分交易的味道，却也属于常知的范畴。从真知角度而言，这种爱实则属于爱（包括却不限于父母之爱）的滋润下自然生长出来的本爱，是本爱在特定对象（父母）上的呈现而已。因此，从这种亲友的互爱互助中，要想不生出孝爱，几无可能。一个显而易见的事实是，塞满这一时期蔡元培心田的，是母亲的慈爱与恳切，是自己对母亲的浓浓亲情。这种情感，一旦通过王子庄的授学，链接上刘宗周的慎独，链接上他的知行一物、学贵躬行，便会让年少的蔡元培更加坚定地躬行孝爱。这便是蔡元培"事亲至孝"的答案,也是王子庄尤服膺刘宗周而蔡元培却最崇拜宋儒的答案。

或问:天下"事亲至孝"之人多矣,何以蔡元培的榜样便是宋儒——更具体地说,便是黄庭坚?

答案很简单:中国那些家喻户晓的躬行孝道的掌故,其主人公同蔡元培的人生经历最为相似的是谁?最能引起蔡元培情感上的共振,又能激励他学好制艺之学的是谁?这个人无疑是黄庭坚。更何况,黄庭坚不仅是誉满天下的学、仕两栖名儒,更是一位独树一帜的书法名家。看来蔡元培临习黄体,并非只是兴之所至,背后的确是有故事的。

就此而言,作为偶像的黄庭坚,既是蔡元培给自己找来的人生榜样,更是蔡元培表达自己人生的一个"词汇",是蔡元培用以投射自身的场域,是作为现象的蔡元培。而作为本质的蔡元培,则是那个心里驻下了父母、家族、师友,尤其是驻下了母亲的蔡元培,是那个躬行孝爱、抱诚守真的蔡元培,是那个勤学苦读的蔡元培,是那个遗传了父亲长厚性格的蔡元培,是那个受母亲影响仁慈而恳切、不苟取、不妄言的慎独之士蔡元培。

或问:蔡氏三兄弟,为何只有蔡元培"事亲至孝",坚决要求"寝苫枕块",而长兄元坅、三弟元坚只是在"知不可阻"的情形下,才"设床于停棺之堂",兄弟共宿?"母丧既除而未葬"之时,长兄甚至为之订婚,岂非不孝?

答案是:兄也好,弟也罢,均未读过"丧礼",读过"丧礼"的,唯有蔡元培。这个时期的蔡元培,基本具备独立判断能力,而嗜书如命、践履意识又极强的他,则恰恰又属于在书本教义同生活现实产生共振时,醉心于将教义付诸实践的年纪。蔡氏三兄弟的所为,并非孝与不孝的区分,只是在孝爱上的表现形式不同而已。这也便是前文所言"在刲臂医母这件事上,蔡氏全家可谓心心相印;而在后两则逸事中,蔡元培的意见却与众人大相径庭"的原因所在。

"好学近乎知"与"知耻近乎勇"

不知诸君是否注意,笔者对蔡元培何以事亲至孝的解答,同时也是以其何以事亲至孝为个案,来解读其何以好学。如果大家觉得这个主题不甚明确的话,那也许是因为我们习惯于从极狭义的角度来理解学习的缘故。其慎独、其躬行、其抱诚守真、其长厚仁慈恳切、其不苟取不妄言,无一不是好学的产物。

当然,即便只是从极狭义的角度观察,上文也未写尽蔡元培之好学及家庭对其学习的支持、帮助与启发。这里,我们不打算、也不可能、亦不必尽述,且承接上文,再捡一关键处论之。

蔡元培最著称于世的标签"思想自由,兼容并包",想必读者均耳熟能详。其当年的会试和殿试传奇,也是圈内喜闻乐道的逸事。只是,大家谈论此事时,一般要么将其当作趣闻,要么以此证明蔡元培才学不凡,或是诸考官慧眼识才,却罕见探讨此事同蔡元培"思想自由,兼容并包"办学精神之间是否存在什么关联。

蔡元培1890年的会试,连闯两关,皆遇贵人相助。

第一关,会试卷入房师王颂蔚之手。王颂蔚阅过首场,深觉其"不类八股文,奇之","及二三场卷,则渊博无比,乃并三场荐之,且为延誉"。

第二关,卷子落在座师孙毓汶手中。阅卷时有人针对蔡元培文中"耳也者心之铎,躬之督也,及顺铎道张督权而已矣"等语提出异议,问"躬督有来头吗"。孙毓汶直言:"这何必有来头?"蔡元培由此顺利通过会试。

1892年,蔡元培补应殿试,再演"传奇",汪鸣銮一句"他是学黄山谷的",蔡元培便被放在二甲。而后朝考,充庶吉士。前文已详述,此处不赘。

如果说蔡元培不用楷体答卷是因年少未习楷书索性随它去吧的话,其答卷"不类八股文",是因他不会做八股吗?还是他想赌一把,在科举场上以奇制胜?

其实,所谓的"不类八股文",乃是蔡元培决意跳出旧套的主动选择。蔡元培本性"好奇而淡于禄利",故而自17岁考中秀才后,"不治举子业,专治小学、经学,为骈体文。偶于书院中为四书文(即八股文——笔者),则辄以古书中通假之字易常字,以古书中奇特之句法易常调",导致"常人几不能读"(倒是"院长钱振常、王继香诸君转以是赏之")。由是可见,一则毋庸讳言,蔡元培确乎不精于"清真雅正"的标准八股文;二则其所作八股文固然风格怪异,但奇僻的背后,则是其不甘从形式到内容的精致平庸的尝试。就这一点而言,吴敬恒(吴稚晖)"所谓怪八股,仅仅多用周秦子书典故,为读书人吐气,打倒高头讲章而已"的评说,可谓一语中的。

蔡元培的这种"不类八股文"的八股文,在其1889年乡试时,便已创造了一次"传奇"。时任房官宦汝梅"先生得余卷,疑为老儒久困场屋者",而主考官李文田则颇为赞赏,最终蔡元培被录取为举人。及至庚寅会试,王颂蔚得其卷,则"疑为跅弛不羁之士"。对于这类传奇,我辈津津乐道的,往往只是其"厕以九经诸子假借之字、倒句互文之法"的风格,而少关注文章的实质内容。意气相投的识才者,则往往能从这种奇僻的撰文风格和文章内容中洞察到不一样的东西。只是欣赏归欣赏,在正式考试时,这种奇僻的风格恐怕不是加分项,即便是加分项,也绝无可能起到一锤定音的效果。蔡元培的科考"传奇"也许根本没有传奇,其科举的成功,凭借的就是文章的货真价实。因此,即便其"偶于书院中为四书文","院长钱振常、王继香诸君转以是赏之",即便乡试主考官李文田对他极为赏识,即便会试试卷深得王颂蔚"渊博无比"的评价,甚至"并三场荐之,且为延誉",即便会试座师孙毓汶一句"这何必有来头"轻松化解别人对蔡元培的质疑,即便朝考阅卷大臣翁同龢在日记中对他做出"新庶常来见者十余人,内蔡元培,乃庚寅贡士,年少通经,文极古藻,隽材也"[①]这样的极高评价,蔡

---

① 郑连根:《兼容并蓄长者风》,济南:齐鲁书社,2013年,第19页。

元培乡试也只列举人第23名,会试也只列贡士第81名,会试后的复试更是只列三等第116名,殿试也只放在二甲第34名,朝考也只列一等第50名,散馆考一等第31名。① 在科举考场上,绝无可能有哪位考官敢于冒险,给这种风格的八股文作者以超乎寻常的排名,哪怕对他赞誉备至。只是,在这个问题上,人们也许高估了其撰文风格的表面形式在考试中所起的作用,不管是斥其为"文妖"者,还是力图效仿这种"怪八股"者,皆不例外。可以推定,在蔡元培1892年科举考试完全上岸后,之所以出现吴敬恒所言"一时慕仿以得隽者,癸巳、甲午两科,有数百人之多"的奇观,原因即在于,相当一部分人可能将蔡元培的成功看成是这种撰文风格的表面形式创造的传奇。他们也许并没有洞察到,蔡元培书写的所谓"传奇",恰在于文章内容蕴含的文魂。正基于此,笔者认为,李端棻给蔡元培1897年4月15日到保和殿参加为各省主考学政及会试同考官之人选而设的考试的名次,也许并不太过离谱,而徐树铭的反应也在情理之中。

> 访长沙徐侍郎,知我卷在李苾园侍郎手,诧为怪物。长沙闻之,索阅,极倾倒,李不能持前说,但以诗中用"潇湘",为疑。长沙又力争之,曰:"若疑者,任于吾处择一佳

---

① 蔡磊砢:《蔡元培的科举进仕之路》,载《教育与考试》,2017(5),第31—35页。

> 卷相易,在吾手中,非第一无位置处。"既互易,李思前语,又舍不得,仍易以去,置第四。①

蔡元培"自戊戌[子]以后,任意作文,即在考试时,亦毫无得失之见,仍以常人不易了解之文应之",却在科场上频遇伯乐,显然构成了其"思想自由,兼容并包"办学精神的一大认知来源。这些伯乐无疑了解蔡元培文章的价值,倒是那些诋之者和仿效者,皆落入了以椟评珠的认知误区,不懂他那源于"我劝天公重抖擞,不拘一格降人才"之人的文魂。②

鲜为人知的是,蔡元培的撰文风格,说其古藻也好,奇僻也罢,背后也许又藏着一个秘密:黄庭坚的诗作以造拗句、押险韵、作硬语著称,其使用的材料则往往来自冷僻的典故。如果说两人的写作风格并非凑巧相似的话,蔡元培这种写作风格的背后,在外人所谓的古藻或奇僻深处,恐又隐藏着独属于他自己的那颗魂灵。

只是如前文所言,这颗魂灵还是盖上了后天降下的尘垢。前文论及的刲臂医母、寝苫枕块等,是"愚""迂";此处的撰文风格恐确有些许我们可以理解的"刻意"。不过,与常人不同的是,蔡元培从不讳言这些"愚""迂",而且会坦言这就是拘迂。按他自己的口述,"其拘迂之举动,类此者甚多"。在对撰

---

① 蔡元培:《蔡元培全集·第十七卷》,杭州:浙江教育出版社,1998年,第434页。
② 蔡元培:《蔡元培全集·第十七卷》,杭州:浙江教育出版社,1998年,第434—435页。

文风格的反思方面,蔡元培也是如此坦率、真诚。

> "得应桂轩同年书并《金陵赠别序》一篇。序之大意,以余文有意为奇涩,不类余为人,因勉以至平至易之轨。桂轩固喜为方、姚诸家文者,故其言如此。然切直之言,洞中余病,不可忘也。①

好学近乎知,力行近乎仁,知耻近乎勇。这是蔡元培在送给幼子蔡英多的纪念册上题写的勉语,也是他得诸家教而形成的高尚品格的真实写照。在蔡元培的一生言行中,我们可以发掘他大量无情地自我解剖、自我检讨和自我批判的材料,这里选择的个案,也不例外。令人深思的是,蔡元培在这里解剖、检讨、批判自己时,一直都在为黄庭坚讳,除"他是学黄山谷的"这则典故和"故孑民二十岁以前,最崇拜宋儒"这句含混的自描外,我们再难看到蔡元培讲及自己同黄庭坚的关系,以致我们满目所见,全是关于他自己的奇闻趣事。蔡先生的这种为人,不是得诸父母的长厚、慎言,又是什么?

蕺山脚下没有传奇。笔飞弄里走出的蔡元培,也没有传奇。

---

① 蔡元培:《蔡元培全集·第十七卷》,杭州:浙江教育出版社,1998年,第435页。

第二篇

玉汝于成　功不唐捐

玉汝于成,功不唐捐。张伯苓、马君武两位卓越的教育家,一生于北,一生于南,祖上都曾经"风光"过,但出生之时家道皆已中落。如何破壁腾飞?从贫困中走出来的两位中国近现代教育界巨擘,用人生给出了相同的答案……

第一章

张伯苓 ▶ 功名蹭蹬老风尘
　　　　　读书有子不嫌贫

中国近代史上不缺屈辱的日子。

1898年3月6日,德国强租胶州湾;27日俄国强租旅顺、大连。基于自身战略考虑,英国决定租占被日本"作为赔款抵押"的威海卫。英、日一番勾兑后,威海卫的命运被按下了魔幻的确定键:中国还清甲午战争赔款后,日本将威海卫归还中国,再由中国将其"租借"给英国。

1898年5月23日,威海卫取下太阳旗,挂起黄龙旗。次日,黄龙旗落地,米字旗升空。

奉命随行前往威海卫执行接收与移交任务的清廷海军练习舰"通济"号上,一位年轻的海军军官目睹两日之间国帜三易,悲愤填胸。翌年,这位年轻的海军军官从海军退役,踏上了教育之路。

这位年轻的海军军官,就是日后的著名爱国教育家,南开教育体系打造者,南开中学、大学、女中、小学和南渝中学(后改名重庆南开中学)等南开系列学校创办者张伯苓先生。

人可以有霉运，不可以有霉相

张伯苓1876年4月5日出生于天津。其祖上以船运为业，在天津河东拥有一家名为"协兴号"的船行。经过几代人的辛苦经营，家业日厚。受传统"士农工商"价值排序的影响，一般经商家庭往往都会产生由富入贵的念头，张家也不例外。到张伯苓祖父张筱洲出生后，张家决定弃商求仕。无奈张筱洲虽刻苦异常，却始终未能在科场博得一功半名。不堪重负的张筱洲，于38岁那年因疯癫离开人世，留下年仅9岁的独子、兼祧五门的张久庵。

张久庵年轻时娶胡氏为妻，但不幸胡氏病故，两人所生子女，均告夭折。受父亲科场悲剧和家庭变故的刺激，张久庵虽博学多能，然不思功名，无意商海，耽于逸乐，醉心骑射，酷爱吹拉弹唱，尤善琵琶，津门人称"琵琶张"。胡氏病故后，张久庵续娶杨氏，然亦是香火难续，张久庵"人生'失'意'且'尽欢，莫使金樽空对月"的心态可想而知。然而，即便再多的家产也经不起这般折腾，到张久庵41岁始得一女时，家产已然荡尽，只能靠设帐授徒勉强维持生计。甚至到张伯苓续娶王淑贞女士后，张伯苓的母亲杨氏也得时不时拿着婆媳二人的私什去当些钱回来。

杨氏生下长女两年后，又生下了张伯苓。其后又得两女，并于张久庵59岁那年生下日后与张伯苓同样蜚声寰宇的教育家、外交家、中国现代话剧重要奠基人张彭春。

张伯苓的诞生,令半生困顿的父亲精神振奋。张久庵不仅给初生的婴儿取名寿春,希望孩子能够长命百岁而不会中途夭折,而且决计尽力好好培育。

张久庵给予张伯苓的教育,不仅直接影响了张伯苓未来的人生道路,更初步塑造了张伯苓的人生品格乃至教育理念。

由于家道中落,无力延聘塾师,在征得同族张竹坡先生同意后,张久庵将张伯苓送往其家馆附读。只是好景不长,没过多久,张氏家馆便因故告停。张伯苓只好进入当地一所刘姓人家开办的义塾就读。家庭的贫苦,总让张伯苓难以抬头。为此,张久庵总是告诫孩子,越是困难,越要振作起精神,不可颓丧,"人愈倒霉,愈应当勤剃头、勤打扮"[1]。张久庵将自己从人生中悟出的这份道理,注进了张伯苓的血液,不仅成为他自己的座右铭,更成为他勉励同道和鞭策学子的养料:"人可以有霉运,不可以有霉相,越是倒霉,越要面净发理,衣整鞋洁,让人一看就有清新明爽、舒适的感觉,霉运很快就可以好转"[2],甚至可以说埋下了张伯苓日后从事教育改造的种子。

---

[1] 张伯苓:《在此国难时期,努力振奋精神(1932年8月22日)》,见龚克主编《张伯苓全集》(第2卷),天津:南开大学出版社,2015年,第134页。
[2] 沈卫星主编:《重读张伯苓》,北京:光明日报出版社,2006年,第419页。

> 二十几年以前,我在北洋水师学校,……当我到刘公岛的时候,我看见两个人,一个是英国兵,一个是中国兵。那英兵身体魁伟,穿戴得很庄严,面上露着轻看中国人的样儿;但是吾们中国兵则大不然,他穿的衣服还不是现在的灰色军衣,乃是一件很破的衣服,胸前有一个"勇"字,面色憔悴,两肩高耸。这两个兵若是一比较,实有天地的分别。我当时觉(得)很羞耻和痛心,所以我自受这次极大的激刺,直到现在,还在我脑海里边很清楚的。我当时立志要改造我们的中国人,但是我并非要练陆军、海军同外国相周旋,我以为改造国民的方法,就是办教育。

纵观张伯苓的一生,其关于怎样实现教育救国的认识,并非一以贯之,而是随着自己的教育实践不断深入。譬如,其当初在北洋水师,"感触种种国耻,知我之不如彼者,由于我之个人不如彼之个人"。在他的头脑中,"以我们四百兆之众,苟有一天能与外人一人敌一人,则中国之强就可翘足而待","故欲改革国家,必先改革个人;如何改革个人?唯一方法,厥为教育"。因而一开始,其"对于教育方式,都按此目标向前进行",到后来"经多方观察,觉中国至深之病,实不在个人之没有能力,而在个人之缺乏合作精神",甚至其关于教育目的的认识、关于物质文明和精神文明之间关系的认识,也在不断发生变化,但其对于精气神的重视,始终如一。刘公岛上所见,给张伯苓最大的震撼,就在两国士兵在衣着打扮和精神面貌上呈现出的天壤之别。这也是他日后在教育方面尤其强调要改变国民体魄衰弱、精神萎靡,欲图"振起国民新精神,以重续国家新运命"的原因,毕竟"精神聚,虽亡,非真亡;精神涣,不亡亦必抵于亡"①。

及至稍长,张伯苓逐渐养成打抱不平的性格,贫寒同伴每遇欺侮,张伯苓便会上前同对方辩个是非,最后常以拳头收局。由于张伯苓身材魁梧,孔武有力,因而往往先是而后非。每遇此事,张久庵的教子之道,便是先行向对方家人赔礼道歉,而后对张伯苓好生教导,但从不深责,给出的道理是"不可因此伤了他的这一点正义之气"。

张久庵的这种做法,既保护了张伯苓身上那份可贵的侠义之气,也教会了他处事的分寸与技巧。在南开系列学校的办学过程中,张伯苓不仅自己恪守这种处世之道,也将其传递给了南开师生,这一点在他同日本侵略者打交道时,体现得可谓淋漓尽致。

深受父亲教诲的张伯苓,不管是在义塾读书,还是后来在北洋水师学堂学习,均刻苦异常,锐意进取。其以优异成绩迈入北洋水师学堂,又以近乎传奇的表现迈出这所"立中国兵船之本"的海军摇篮,端赖于此。

---

① 张伯苓:《拟向〈校风〉社社员演说大旨(1916年9月20日)》,见龚克主编《张伯苓全集》(第1卷),天津:南开大学出版社,2005年,第47页。

功名蹭蹬老风尘，读书有子不嫌贫

就读义塾，意味着张伯苓无缘踏上科途，毕竟义塾教育只是让学童粗通笔墨，而不以科举考试为旨归，其传授的文化知识十分基础，没有对经学典籍的系统讲授。张久庵替儿子做出这一选择，固然是出于经济困窘的无奈，甚至后来张伯苓报考北洋水师学堂，也不排除家庭经济上的考虑，毕竟这样张伯苓既可以谋得一份赖以为生的职业，上学期间还可直接给家庭带来在当时颇为不菲的补贴——按照北洋水师学堂的章程，学生不仅免交食宿费用，每月还可领取四两赡银，学生若是"卓有成就"，还可获得"从优奏奖，破格录用"。

不过，倘若换个角度，稍作拼图，也许还可窥见张久庵的另一副面孔。

按照中国人的传统，习读"四书""五经"等儒家经典，目的有二：一则习得中国传统文化，二则为将来可能走上科场做准备。实际上，张伯苓不是没有习读过这些典籍，而且是很早便受张久庵的亲炙。但与传统塾师的套路不同，张久庵讲授这些儒家经典，"重启发，贵笃践"，强调张伯苓后来所倡的"教行合一"。这种讲授方式，显然与针对科举考试的教学路数背道而驰。

因此，我们也许可以做出一个推测：对学而优则仕，张久

第一章　张伯苓　功名蹭蹬老风尘　读书有子不嫌贫

庵不但了无执念,甚至可以说很不以为然。毕竟发生在祖辈身上的悲剧,足以令他对科举功名做出一番检思;而作为洋务重镇的天津,在19世纪80年代,则已经出现一股新的气象。且看他请老友于泽久先生(津门大贤,1853年两榜进士)为其题写的诗句:功名蹭蹬老风尘,寄傲弦歌乐此身。置散投闲殊自得,读书有子不嫌贫。

张伯苓从小耳濡目染父亲的淡泊与检思,及至年长,也便养成了淡泊功名的取向。胡适《教育家张伯苓》一文载言,"政府屡欲畀以要职,且曾邀其出任教育部长及天津市长,均被婉辞谢绝……。及至战时,国家处于危急存亡之秋,乃投身政治。1938年,国民参政会成立,张氏当选副议长,迭次出席会议,不常发表议论,其力量则在驻会委员会发挥之"。抗战胜利后,张伯苓仅于1948年6月应邀出任南京国民政府考试院院长,旋即于3个月后挂冠而去。

同张久庵一样,对于功名,张伯苓不独只是情感上的淡泊,更有理性上远较其父深刻的检思。在痛陈国人"民性保守,不求进步"之陋时,张伯苓一针见血地指出,其一大根源即是"国人深中八股文之余毒"。[①] 在1927年11月南开中学风潮中,针对少数学生将人才等同于传统的政治功名,声言"南开没有出过人才"的狭隘指责,张伯苓痛心疾首。

---

① 张伯苓:《四十年南开学校之回顾(1944年10月17日)》,见张伯苓著,文明国编《张伯苓自述》,合肥:安徽文艺出版社2013年版,第137页。

> 有人说南开没出过人才,我也承认!因为直到现在,南开还没有造就出来一个军阀、一个政客。但在社会上服务的,南开学生却不少。你们出去问问,南开学生在哪一个团体里会落人后?在哪一个团体里不是人才?①

张伯苓并不是不关心政治。恰恰相反,"张氏希望教他每个学生都有政治的觉醒"。

> 有人说我厌谈政治,其实何尝如此。实在地讲,今日之政治,无所谓政治。中国现在之政治,一官僚之政治,政客之政治耳!政客把身卖与军阀,是为饥寒所迫,不得不然,假使不出卖,就没有饭吃,我并不是不谈政治,是谈政治的机会没有到。我认为要人人有业后,始可谈到政治。现在一般在政界混饭吃之人,皆家无常产,没有饭吃,机会一到,乱喊乱咬,我尚忍心劝人去入此陷阱乎?

"功名蹭蹬老风尘,读书有子不嫌贫。"官可以不做,书不可不读。张久庵的教诲,构成了张伯苓弃军从教的认知起点,也构成了张伯苓教育思想的初始来源。

---

① 张伯苓:《学校是大家的学校(1927年12月5日)》,见张伯苓著,文明国编《张伯苓自述》,合肥:安徽文艺出版社,2013年,第79页。

允公允能,敏思敏行

在回顾南开办学的四十年历程时,张伯苓直言不讳地指出,国人所患"愚""弱""贫""散""私"五病,"实为我民族衰弱招侮之主因",其当年追随严范孙先生从事教育大业,即旨在痛矫上述"民族五病",育才救国。故南开创校之初,即"揭橥'公''能'二义,作为校训",以"培养学生爱国爱群之公德,与夫服务社会之能力"为旨归。为此,张伯苓倡议,在具体的育才实践中,遵循如下五条教育方针:重视体育、提倡科学、团体组织、道德训练、培养救国力量。按张伯苓的理解,要实现上述目的,使"我中国民族能在世界上得到适当的地位,不至受淘汰","务须对症下药,即:A.注重体育,锻炼健强之国民;B.注重科学,培养丰富之现代知识;C.注意精神的修养……向深处培,向厚处培"。① 如今看来,这些已是老生常谈,但在当年,却是振聋发聩,付诸实践时的举步维艰,可以料想。

允公允能,既是张伯苓的育才理念,也是对张伯苓的真实写照。在锤炼学生"允公允能"的育才实践中,张伯苓尽显的那份崇高品格和非凡才能,及其对南开师生的熏陶,此处自是无需赘言。单看他在南开系列学校办学过程中表现出的那股

---

① 张伯苓:《以教育之力量,使中国现代化》(1931年2月26日),见崔国良编《张伯苓教育论著选》,北京:人民教育出版社,1997年,第208页。

浩然之气、那份独见卓识、那种架海擎天的能力、那串沉甸甸的硕果,即令人叹为观止。从南开系列学校走出的各界救国建国人才,即便只作简单枚举,也属画蛇添足。此处只需稍看他如何筹款、如何应对日本侵略,便可领略其大智大德。

旧时办学,除教会学校经费相对较为充裕外,大部分都会受经费不足的困扰,即便国立学校,情况也大都如此。像南开这样规模系列的私立学校,如何筹措经费,更是办学的头等大事。"私人经营之教育事业,必得社会人士之赞助与提携,方能发育滋长。"在《四十年南开学校之回顾》中,张伯苓真情回顾了国内外各种社会组织、各方人士、校友、家长对南开的善举。扶持南开的各方人士,除众所周知的严范孙、王奎章(王益孙之父)、郑菊如,以及一众实业家、教育家、文化名流外,自然也包括陈芝琴这类教内好友,甚至一些官僚政客等。据我国财政金融学家、教育家、南开中学1922级校友宁恩承回忆,即便是一帮"残暴污浊的政客、军阀"主政天津时,"全靠先生应付有方",南开才得以正常运转。但这并不意味着张伯苓在筹款过程中会拿风骨作交换、以尊严作代价,反倒是他的不卑不亢令他在募得善款的同时也收获了敬重。按著名教育家、图书馆学家、1915年南开毕业生黄钰生在张伯苓追悼会上所言:"张先生是基督徒,而且外国人和他要好的人也很多,他很可以接受外国的津贴,把他所办的学校变成教会学校,他一张嘴,这些事就成功。但是,在经费万分困难之中,他咬紧牙根不向外国教会张嘴。不但如此,外国教会向他张嘴的时候(就我个人所知,至少有两次),他很肯定而严正地说:'谢谢你,南开是中国人的学校。'"

当然,张伯苓绝不会因噎废食。他可以婉辞来自教会的捐助,但并不拒绝教会人士以私人名义捐赠的善款善物,也不会拒绝海外组织和个人的捐献,只要这些堂堂正正,不会损害中国的利益和尊严。1929 年 9 月,张伯苓结束为期九个多月的赴欧美考察,回到国内。9 月 23 日,在南开学校游艺委员会欢迎会上,张伯苓介绍了此次出行的收获,其中之一便是募捐情况。下面的材料可以让我们看出张伯苓在美募捐展现的大见地。

……美国人的财产都是自身赚来的钱,不易拿出,无故的绝不帮助,必须理由充足。再有便是美国立国百余年,而今土地肥沃,工商业的发达,都是自己努力创造出来的,并没有任何人的帮忙,自由的精神、独立的精神是美国人所特有的。我们向他们捐款时,他们要问到中国的财富为什么不自己去发展,我们是莫可以对的。用可怜的态度,beggar 的手段,美国人是绝不予以同情的,所以不能这样说法,必须有正当的理由。我这次的理由是中国从前怎样好,将来预备怎样发展,现在虽然不好,乃是因为内政的纷扰,故经济紊乱,所以需款办教育造就有为的青年,因此我也要请你们稍帮忙,不是用你们的钱作基金,乃是在这过渡时期几年中的经费。使他们看看我们

> 南开的以往,他们便可以晓得我们是时时刻刻在困难中争斗的。三十年的以往我们绝不是 Follow the least resistance,容易的道路越走越狭,难走的道路才可以发展前进。他们给我们钱很小心,可是我们用之也不是随便,因为我们有我们的自立精神。世界上再强也没有能自立的人强了。又因为中国的问题是未来的世界大问题,助我们解决这个问题,也是他们所应该的。

张伯苓同日本侵略者打交道的艺术,一贯为人称道,甚至成为传奇。原美国驻华大使、燕京大学校长司徒雷登在《张伯苓是一个拓荒者》一文中谈到,在华北,由于日军肆无忌惮的威吓,导致青年人爱国热情激荡,虽然"这是健全的征象,却给行政上带来很多难题。在反日运动的间歇,学生可能为了反对某个人或某一政策而罢课,结果在纪律上发生不良的影响。但在南开学校这种事情很少发生"。原因即在于,"张伯苓和学生之间的关系融洽,也是由于他善于处理这类事情"。

在此,我们不妨略述一例。

在 1934 年的第 18 届华北运动会上,南开学生做出了一系列反对日本侵略的爱国举动。事后日方向中国政府提出所谓的抗议。在日本的压力下,国民政府饬令张伯苓对学生严加管束。张伯苓表面应允,但在找学生领袖谈话时,他的第一句话是"你们讨厌",第二句是"你们讨厌得好",第三句是"下回还这么讨厌",后面是"要更巧妙地讨厌"。① 说到此处,我们无妨宕开一笔,接上前述话头:张伯苓这种处事方式同张久庵当年何其相似!

当然,彼时彼地任何学校的领导纵有万般能耐虚与委蛇,最终也改变不了学校惨遭日军炮火摧毁的命运,尤其是像南开这样鼎铛有耳、不磷不缁、斗争又极富韧性和策略的学校,更会成为日军首选的轰炸目标。卢沟桥事变后,南开大部分校舍即于1937年7月29日和30日"惨遭暴日炸毁","是为国内教育文化机关之首遭牺牲者"。

张伯苓异于常人处,即在于他不仅早料到"暴日之必然蠢动",且已早做准备,积谷防饥。1935年冬,张伯苓便前往四川各地考察,未雨绸缪。次年春,即派员前往重庆,"选购校址,督造校舍"。是年秋,新校南渝中学开学,"及后华北事变,津校被毁",而"南开学校,犹能屹立西南后方,弦诵弗辍,工作未断",与"嗣后京、沪沦陷,各校仓促迁川,痛苦万状"形成鲜明对比。

修身齐家,躬身垂范

对张伯苓来说,选择教育,就是选择了清贫。据宁恩承先

---

① 侯杰、秦方:《张伯苓 张彭春 张锡禄》,石家庄:河北教育出版社,2004年,第250—251页。

生的追忆,张伯苓家蜗居于天津西南角电车厂旁3间陋室之中,门前是臭气熏天的羊皮市,满街满巷全是臭羊皮,张伯苓在此一住就是30年,尽显"居陋巷,人不堪其忧,回也不改其乐"之风。张伯苓每次去北京办事,都是坐三等车,住施家胡同每日房钱1元的北京旅馆,以烧饼果腹。由于张家生活用度全靠张伯苓的工资收入(宁先生称其月薪初为50元,20年代涨到100元。读者不妨将其同当时大学教授乃至中学教员做一番比较),因而全家再怎么节俭,也难免会有捉襟见肘的时候,碰到人情礼节或者出现特殊情况时,张伯苓只得时不时到学校挂借。

到1934年,张家经济条件开始比较宽裕。但即便如此,到他1951年病逝时,家人在他的钱包里只找到了7元钱和2张戏票。这并不是说张伯苓没有一点积蓄,没有条件过上相对优渥的生活,而是说他选择了朴素。这种选择,固然可以解释为一种生活习惯,同样也可以从其父亲的人生中找到线索。正因如此,当有人问他为何不多积些钱财留给孩子时,他的回答不出所料:"我不能给孩子留钱。钱多了,他们就不想做事啦,岂不害了他们?我教他们一些德行,够他们一辈子享用不尽。"

空说无凭,试举一例。1930年,张伯苓妹夫马千里因过度劳累突发脑溢血病逝。马千里同样也是位"居陋巷,人不堪其忧,回也不改其乐"的教育工作者,当年和张伯苓共事时,张伯苓对这位青年才俊极为赏识,并将自己在普育女校任教的妹妹张祝春介绍给他。1910年,两位新人在普育女校礼堂举行了新式婚礼,这在当时算是开风气之先,天津一家画报还专门报道了此事。马千里去世后,张祝春一人拖着二男三女,长子刚满10岁,幼女不满6岁,生活几至断炊状态。不消说,即便生活本不宽裕,张伯苓也会伸出援手。其在学校的挂借,有相当一部分就是在这期间出现的。及至后来马家孩子在南开读书,所有学费均为自费,张伯苓没有为五个孩子减免一点费用——要知道张伯苓当时在南开中学四大得力助手的子女在南开读书,学费都是全数免缴。这种洁身自好的言传身教,在张、马家族后人身上烙下了深深的印记。

虽然生活清贫,但张伯苓不仅没让一个孩子失学,甚至还很舍得在力所能及的前提下为他们提供良好的学习条件。据学者侯杰称,"收音机传入中国不久,张伯苓就在家里安装了一台矿石收音机,并让孩子们坚持每天收听外语新闻"。对马家孩子的学习,张伯苓也非常关注,给予了极大的鼓励。此正印了张久庵留下的那句家训"读书有子不嫌贫"。

养德、拓智、强身,是张伯苓为除"民族五病"开出的药方。身为中国奥运的先驱,张伯苓深知"强国必先强种,强种必先强身",是故,"苓提倡运动目的,不仅在学校而在社会……学生在校,固应有良好运动习惯;学生出校,亦应能促进社会运动风气"。如此,"三育并举"原则也被张伯苓带进了家里。尔后,这个家庭不仅都拥有强健的体魄,张伯苓四子张锡祜还是一位优秀的运动员,代表天津参加过全国运动会,张伯苓的孙辈中更是走出了荣获"新中国体育开拓者"称号的张媛美和郎平的启蒙教练张媛庆这样的专业人才。

养德、拓智、强身，"三育并举"头上顶的是两个字：救国。哪怕为国捐躯，也在所不辞。且让我们以张伯苓四子张锡祜慷慨赴难一事为窥豹之管，来看看这位父亲是怎样在孩子心中刻写"救国"两个大字的。

高中二年级时，张锡祜凭借过硬的思想、文化和身体素质，被位于杭州笕桥的国民党中央航空学校录取，张伯苓很是自豪，亲自送他入学。1934 年，张锡祜从航空学校毕业，张伯苓又应邀在毕业典礼上代表毕业生家长发表激励讲话。绥远抗战胜利之际，倍感振奋的张伯苓在一次讲话中慷慨说道："前几天接到我四子张锡祜从洛阳来信，说……全国空军也已准备参战。我四子便是中央空军的一个队长，我不因为我儿子赴前敌作战凶多吉少而悲哀，我反觉得非常地高兴。这正是中国空军历史上光荣的第一页，但望他们能把这一页给写好。"

张伯苓不幸一语成谶。1937 年 8 月 14 日，张锡祜奉命驾机出战，因飞机失事，殒命江西。

陪伴在张伯苓左右的三子张锡祚记下了张伯苓接到噩耗的那一幕。

> 那时正是九月初的天气，重庆气候炎热，先生正坐在门前乘凉。接到电报，看过之后，递给我道："你看看，老四

殉国了。"他的声音镇定而又坚决,又沉默了一会儿道:"你看和你娘说吗?我看不必了,免得她太伤心。"那时我的心情是悲痛而又迷惑,仿佛是在梦中,睁着眼看着父亲的脸,只见他的脸上红涨,涨得发紫,两眼湿润,但是竭力压抑着,不让一滴泪水流出来。接着又慢慢地说道:"我早就把他许给国家了,今日的事,早在意中,可惜他未能给国家立大功,这是遗憾!"

就在殉国前 12 天,张锡祜给张伯苓写了一封信,节录如下。

父亲大人:

自别慈颜,男等于上月九日返赣,近日男身体精神一切均佳。……男等现已奉命出征,……儿昨整理行装,发现二物是以告禀于大人者,其一即去年十月间大人于四川致儿之谕,其中有引孝经句:"阵中无勇非孝也!"儿虽不敏不能奉双亲以终老,然亦不敢为我中华之罪人!遗臭万年有辱我张氏之门庭!此次出发不比往常!生死早置之度外!望大人勿以儿之胆量为念!其二即为去年十月向绥东抗日时空军出动前重庆之训词,分随禀奉上,望大人从此之后不以儿之生死为念!若能凯旋,当能奉双亲

> 于故乡以叙天伦之乐，倘有不幸虽难负不孝之名，然为国而殉亦能慰双亲于万一也！
> ……
>
> 男　锡祜　谨禀
二日晨①

只是，这次已成绝笔。

---

① 沈卫星主编：《重读张伯苓》，北京：光明日报出版社，2006年，第438页。

第二章

马君武 ▶ 老农勤稼穑 向晚尚冬耕

> **哀沈阳**
>
> 其一
>
> 赵四风流朱五狂,翩翩蝴蝶最当行。
> 温柔乡是英雄冢,哪管东师入沈阳!
>
> 其二
>
> 告急军书夜半来,开场弦管又相催。
> 沈阳已陷休回顾,更抱佳人舞几回。

这是1931年11月20日上海《时事新报》刊登的两首诗作《哀沈阳》。这两首"感时近作"有几分踏实,有几分蹈虚,又有几分是道听途说,一时众说纷纭。诗作无形中带火了当时的传闻,也带火了作者——时任广西大学校长的马君武。[①]

[①] 马君武著,莫世祥编:《马君武集》,武汉:华中师范大学出版社,2016年,第1272—1273页。

辗转颠沛的斜杠大神

在今天,马君武应该是个相对陌生的名字(八桂大地除外)。不过,作为广西现代文化名人第一人①,在他所处的那个年代,马君武是妥妥的一位斜杠大神:南社诗人,随笔名家,工学博士,百科全书式翻译家;革命家,宣传家,政治活动家,教育家。只是,人们在津津乐道于眼前这位斜杠人物的满腹才华时,可能不太会注意到,马君武的脊梁上赫然写着四个大字:辗转颠沛;更少会详察,这四个字有几分是出于被迫,有几分是出于自愿——诸君也许会疑惑,辗转颠沛还可以出于自愿?是的,天底下就有这样的"傻子"。

马君武的辗转颠沛,也许可以从他的曾祖马丽文说起。马丽文原名马利文,湖北蒲圻(今赤壁市)人,道光癸未科(1823年)进士,为官务实敢言,故为人所忌。马丽文先是1842年外放广东高州,三年后又迁任烟瘴之地广西思恩。马丽文育有二子,长子留蒲圻,次子光吴则留妻儿于原籍,只身随父南行。据称,马丽文病故后,马光吴本拟将父亲运回老家安葬,无奈川资不济,灵柩运到桂林,便再无力北返,只好就地安葬,马光吴本人也只得流寓桂林,干些"不要的差事","过着

---

① 刘硕良主编:《广西现代文化史:1912—2015》(第一卷),桂林:广西师范大学出版社,2016年,第166页。

'穷'与'病'的生活。"马光吴育有三子,妻雷氏在蒲圻去世时,幼子衡臣不过几岁。后马光吴在当地续娶吴氏,并托人将马衡臣带到桂林抚养。马衡臣到桂林未及数年,马光吴一病不起,在桂林只留下一对孤儿寡母。

由于"捐官做没有钱,投考没有籍贯",马衡臣在继母吴氏的安排下,拜临桂县刑幕李申甫为师,走上了幕宾之路。1881年,马君武便出生在父亲做幕宾的恭城县署。四年后,又随父母迁至平南。随后一年,再随父母返回桂林,同祖母和母亲一道租住在义仓街,父亲则在恭城、荔浦、马平等县奔波。

1890年,马衡臣不幸病故于马平,留下年方9岁的马君武和两妹一弟,待到最后,只剩下马君武孑然一人,同母亲和祖母相依为命。由于家境骤窘,马君武先是随祖母四处颠簸,后又回到母亲身边,再后被舅父带往阳朔,而后又回到桂林,辗转颠沛之间,已从稚子长成为少年。

1896年,马君武结识康门(康有为)弟子,渐知世有新学,并对新学产生了浓厚兴趣。1898年,广西巡抚黄槐森遵旨在桂林设广西体用学堂,聘1895年从台湾血战归来并与康有为1897年开始交往的唐景崧为主办堂务(校长),是为广西现代教育之始。1899年春,学堂正式招生,马君武应考录取,习算学,兼修英文。显然,在这样的学堂学习,又同康门弟子交往日深,不生出"反骨"很难。次年,马君武便被迫潜逃,东下梧州,转赴香港,再往新加坡,"谒康有为,执弟子礼",随即受康有为遣派,回到桂林,待机响应唐才常举义"勤王"。是年8月返桂途中,自立军起义即宣告失败。9月,马家借住的房屋附近铁佛寺失火,殃及池鱼。是年,马君武得康有为弟子薛立之送来旅费30元,"决意到外边去留学"。此前,马君武两妹一弟均已亡故,祖母亦适马君武二伯处,马母已然无家可归,在桂林也已然了无牵挂,遂索性随马君武一道前往广州。11月间,马君武入法人所办丕崇书院,学习法语,马母以针线为生,据传后又有人延请她教说普通话,马母即凭此勉强维持生活。

1901年春,马君武离穗赴沪,旋于秋季又回到广州,通过朋友介绍,在一家英文夜校暂时执教。是年冬,马君武得东莞知县刘德恒资助旅费40元,经香港到日本横滨,正式踏上了留学之路。在此期间,马君武先是通过康门弟子汤睿介绍,拜见了当时已是鼎鼎大名的人物梁启超,而后又拜见了时在横滨的孙中山。

次年初,马君武回国,奉母至沪,上海自此成为马君武的安家之地和"大后方"。稍后,马君武再度赴日,先留横滨,为《新民丛报》撰稿,乃至代理编辑《新民丛报》;再抵东京,住在孙中山介绍的秦力山处。翌年,马君武用积攒的稿费入京都帝国大学攻读工艺化学,并往东京谒见孙中山,从此成为孙中山的坚定追随者。

1905年8月,中国同盟会成立,马君武被推举为秘书长,和黄兴、陈天华等八人一道起草《同盟会章程》,并成为同盟会机关报《民报》主要撰稿人之一。翌年夏,马君武学成回沪,受聘为新成立的中国公学总教习兼理化教授。由于积极宣传革命,引起清廷注意,马君武遂于1907年避走德国,入柏林工业大学攻读冶金,获工学学士学位。

辛亥革命爆发后,马君武由德回国,出任《民立报》主笔,以笔为刀,为革命摇旗呐喊。革命成功后,参与起草《临时政府组织大纲》。南京临时政府成立后,出任实业部次长兼代总长,并参与起草《临时约法》。袁世凯攫取政权后,出任铁路总公司秘书长,并当选为参议院议员。半年后,宋教仁被刺,马君武毅然走上反袁斗争道路。二次革命失败后,马君武被迫离开中国,再度赴德留学,入柏林大学,获工学博士学位。

1916年袁世凯忧惧病亡,马君武回国抵沪,此后追随孙中山参加护法运动和第二次护法运动,并在大元帅府和护法军政府中担任过秘书、代理交通总长、秘书厅长、总统府秘书长以及广西省长等职。两次护法运动均告失败后,马君武皆追随孙中山离粤返沪,并在第二次护法运动失败后徙居宝山杨行,躬耕之余,奋笔译介。

此后,马君武逐渐淡出政治,向教育领域过渡,最终在教育界大放异彩。先是于1924年2月在广东高等师范学校担任德文和进化论授课教师,随后于11月应邀担任大夏大学首任校长,再于次年4月出掌国立北京工业大学,中间短暂出任(1926年1月到3月)段祺瑞北洋政府司法总长、教育总长(未就职),随即因段祺瑞政府制造"三一八惨案"愤而离京,再回大夏大学任校长。

在梳理马君武的"官宦"生涯时,受传统观念影响,不少人倾向于强调其所身居的各种要职,并由此得出结论,马君武是一位杰出的政治家。有人则从马君武在广西省长任上乏善可陈出发,结合当初中华书局经理陆费逵同他的谈话以及他本人的悔悟言论,得出完全相反的结论——马君武不善政治。值得一提的是,自1902年结识孙中山以降,直到孙中山去世,马君武的一切政治活动、其所担任的一切政治上的职务,均与孙中山密切相关,即便其在广东高等师范学校任教,也是基于政治的需要,而非纯粹向教育转型。这20多年来,马君武始终是孙中山的忠实追随者,即便在1924年,其思想未能同孙中山保持完全一致,也还是与孙中山共进退。因此,孙中山的每一次成败、每一次角色转换,都必然导致马君武所担任的各种政府职务不断发生转换,其在政府职务上的斜杠特征,恐怕既不足以成为他具有高超政治才能的证据,也不足以证明其不善政治。在革命和建设完全受制于军阀势力时,再好的建设计划,都必然是竹篮打水。其身上不断转换的政府职务,只能用以诠释那个时代的悲剧,只能是对一个革命家、一个政治活动家的奋斗和无奈的写照。

1925年,以李宗仁、白崇禧、黄绍竑为首的桂系军阀(新桂系)统一广西。为巩固自己的地盘,增强同各路军阀抗衡的实力,加强广西的各项建设,三个桂系首领决定筹建广西大学,解决八桂子弟只能负笈外省的不便,为建设广西培养人才。1927年,由时任省政府主席黄绍竑出面,邀请马君武回乡负责广西大学的具体筹办工作。客居他乡的马君武慨然允诺,告别家人,欣然只身返回广西。次年10月,广西大学预科班先期在梧州开学,马君武受聘为首任校长。只是,未及一年,马君武的广西教育梦便折戟沉沙。

1929年5月,粤桂战争爆发,粤军占领梧州,广西大学巧妇难为无米之炊,被迫停办,马君武黯然离开梧州,回到上海,在大夏大学执起教鞭,并为大夏大学的建设奔波南洋。次年5月,马君武应蔡元培坚请,接替胡适任上海中国公学校长。在马君武的主持下,中国公学"气象一新"。然而在那个年代,任由马君武有万般能耐,也逃不过政治的枷锁。该年10月的一次校内风潮,让出任校长不满半年的马君武,摊上了"包庇反动分子"等五大罪状。颇具讽刺意味的是,在国民党中央训练部决议"查办"马君武"袒护反动"期间,蒋介石又在南京宴请马君武一行,以至有人慨叹,这究竟是在查办还是在请客?最终,又是不到一年的时间,马君武被迫离开中国公学,蛰居杨行,重拾耕、译旧业。

好在1931年2月,粤军因国民党元老胡汉民被蒋介石扣押树起反蒋旗帜,并于5月退出梧州,广西局势渐趋安定。新桂系遂萌生恢复广西大学念头,并电召马君武和副校长盘珠祁速回梧州主持复校事宜。马君武再次慨然允诺。然而,在一切工作准备就绪之后,孰料李宗仁、白崇禧二人竟朝令夕改,以"所办预科班其实与高中部无异"为由,决定停办广西大学。急切间马君武和盘珠祁反复力争,晓以利害,并告李宗仁、白崇禧,大学本科班业已招生,复校即可开办。李、白无话可说,遂收回成命。是年9月,广西大学惊险复校。

在马君武的主持下，复校后的广西大学办得有声有色，成绩斐然。然而，诸君须知，广西大学是李宗仁、白崇禧的广西大学，不是马君武的广西大学。李宗仁、白崇禧虽为新式军阀，但武人政治的基本特征，必然是军事至上，李宗仁、白崇禧当初决定停办广西大学，无法摆上台面的根本考虑，即在于担心复办广西大学挤占军事资源。阅尽世事的马君武，未尝不明白其中的道道，但要让他无底线地牺牲自己"拿书本，拿锄头，拿枪炮去救国"的教育理念，一切为校内军事训练让路，则不能不引起他的抵制。结果便是，这位耿介的校长，任职不到五年，便被剥夺了"顶戴花翎"，于1936年7月带着羞愤离开了他念兹在兹的广西大学，再次回到上海，退居杨行。一年后，马君武撤回到抗战后方——家乡桂林，一场大病之后，过上了半隐半退的生活。

1939年9月，广西大学由省立改国立。在国民党政府和广西大学师生的敦请下，蛰伏三年的马君武，又一次慨然应允，三度出山。只是天不假年，这次他还没来得及被政治绊倒，便永远失去了爬起来继续奋斗的机会。

时间定格在1940年8月1日，离他上任还不到一年。

书本与锄头：用勤苦化贫苦

按照一般的经验认知，像马君武这样的斜杠人物，理应天资聪颖。因此,每每谈起幼年马君武时,人们大都会讶异于其七岁时竟能以韩愈的"鸟鸣春"来对老师的"鸡唱午"三字,并目之为神童。

其实,按马君武的说法,他是几年后读韩愈的文章,才发现韩文中有"以鸟鸣春"的词句,至于当年碰巧用"鸟鸣春"对"鸡唱午"而备受父亲与先生的称赞,他自己甚是莫名其妙。马君武从幼时起便乐于同大自然打交道,乐见蜂飞蝶舞、喜闻鸟唱蝉鸣,说出"鸟鸣春"三字,固然可称得上是天赋,恐更应视为(快乐的)汗水结下的果实。通观马君武的一生,这位斜杠人物如果堪称天才的话,那一定是用汗水浇灌出来的。

我想,读者从马君武辗转颠沛的一生中,应该读得出一个"苦"字。只是这"苦"字,在先属于苦上门来,而后则转化为自讨苦吃。

马君武的苦,始于父亲去世。在此之前,这个家庭的生活大体算是甜的。衡臣公去世后,家庭顿失经济来源,一家人不仅居无定所,甚至"母子五人吃一碟臭咸菜送饭,午后吃剩下的,晚饭再吃",乃至凄凉至极。

含涕别母去,出门何茫茫。……九岁阿爷死,教养赖阿娘。同胞凡五人,追忆恻肝肠。三弟命最短,七日葬北邙。次妹颇敏慧,得疾亦寻常。家贫无医药,坐视为鬼殇。

> 长妹有暗疾,其命遂不长。次弟生九岁,读书盈半床;夜深不肯睡,一灯声琅琅。一夕得喉疾,哀哉医不良。倏忽为异物,早慧竟不祥。弟死后五年,阿兄适四方。弟墓无碑碣,践踏恐牛羊。

显然,要对付这种找上门来的贫苦,就必须在身心方面付出勤苦,用筋骨之劳,解体肤之饿。一般而言,人们往往也会本能地这么去做,但要将这种本能转化为觉悟,转化为上进,则是另一回事。尤其是,要成就未来那样的马君武,读书意识的培养,便成为关键中的关键。

设若衡臣公没有英年早逝,马君武的读书之路至少应该是按部就班。早在马君武四岁的时候,马衡臣就请东家平南县知县曾纪平(同治丁卯科举人)给马君武"发蒙",让马君武在知县家附读,由一位姓阳的先生执教。由平南回桂林后,马君武又从汤荫翘先生在盐道街关帝庙读书。

马衡臣去世后,虽然马家境况急转直下,但好在马君武生在食书之家,马家在桂林的亲朋好友也均是食书之人。尤其是马君武的祖母吴太夫人、母亲诸淑贞女士也都颇通文墨,因而即便家庭贫困至极,也会极力培养这位家中长子的读书意识,并为其读书尽力创造条件。

由于吴太夫人最疼爱长孙,故马君武"从小跟祖母睡"。据马君武说,"祖母对于中国历史最熟悉"。由此推断,吴太夫人也许跟马君武讲过不少历史故事和历史知识。此外,吴太夫人床头堆的《聊斋志异》《水浒传》等几部小说,马君武更是"看了又看"。父亲去世后,马君武先是跟随祖母借住在吴太夫人的义姊伍家老太太那里,和伍家老太太的几个孙子一道,从赵健卿先生读书;后又随祖母搬到义姊李太师母(李申甫夫人)的儿子李九叔在车井巷的家,跟在这位临桂县秀才后面读书。

马君武曾祖马丽文是马家标杆人物,是马君武的榜样。只是,马君武不要说受过马丽文亲炙,就连祖父马光吴也未曾见过。因此,马丽文要活在马君武心中,必得有家族记忆来传承。在这方面,吴太夫人扮演了保存家族记忆的首要角色。马君武自述:"我祖母常对我们说:'你们切记不要忘记了你们曾祖的勤苦。家里虽然穷得常常没有饭吃,也会读书出名。'这是我们儿童时所受的深刻教训。"从马君武的回忆中,我们自是可以得知,吴太夫人应该讲过不少次马丽文的故事,其中之一便是:一对做豆腐卖的小贩,虽然生活很苦,但同一般人家不同,愿意省吃俭用,供孩子读书。孩子"也能体贴他父母的心事,读书分外用功"。教书先生吴先生看出这孩子极有出息,乃伸手相助,孩子最终苦读成名。这个孩子有了自己的孩子后,将自己的孩子起名为马光吴,"取这个名字,是纪念吴先生的。因为吴先生无子,曾祖欲将祖父过继吴姓,但是未能实行"。

说到这里,我想,马君武的生命中固然住下了曾祖马丽文,但马丽文在这里,也许可以称得上是吴太夫人的影子,他的故事则是吴太夫人用来教诲孙辈的上佳素材,这素材不仅用以励志,还被用来激发马君武的感恩意识。

显然,吴太夫人当年的窘迫,远超那对做豆腐卖的小贩。由于"光景实在为难",在马君武11岁时,吴太夫人只好依了诸氏的请求,把马君武交与母亲教养。但诸氏一人拖带4个儿女,毋需说,日子也必极为艰难,"臭咸菜送饭"一事,就发生在这段时期。即便如此,诸氏还是坚持送马君武去通泉巷廖先生处读书。按马君武的说法,"每天所读的书,晚上要背给母亲听","母亲在一个油灯下,一面缝衣服,一面监督我读书。旁边放有一条很粗的竹板子,背错了一个字,头上至少挨一板"。

一年之后马君武12岁时,在陆川长期做幕宾的舅舅诸嵩生回桂林,就近在阳朔游幕。为减轻马母负担,兄妹俩商量让马君武去阳朔,由诸嵩生工作之余教他读书。毋庸讳言,在这个年纪,缺乏来自外部的约束,单靠孩子自觉,是不现实的。因此,这一次颇带理想主义色彩的尝试事与愿违,不仅没有增强反倒弱化了马君武的读书意识,马君武在阳朔彻底放飞,甚至"去和一般年幼的听差打牌赌钱"。无奈之下,诸嵩生将马君武送回桂林,"同时有封长信给我母亲,列举我在阳朔的种种劣迹,要母亲严加管束"。

据马君武自述,他父亲和母亲的教育方式有很大不同。

> 一直到九岁未曾受过父亲骂过一句,且并未见过父亲有一次发气骂人。由父亲所听都是和蔼的话和鼓励我

> 们读书成才的话。母亲则大不相同。她说:"铁不打不成好钢,孩子不打不成好人。"她教我们读书的时候,手中所拿的是一根粗重的大棍。或者我十七岁的时候,所受的一次痛打是最后一次罢。……母亲过去前一个月,到杨行去看我的病,偶然说到小时挨打的事。母亲说:"你不挨打,焉有今日?"我今日有什么半点成就?真辜负我的慈父严母啊!

"不打不成器",在以往被奉为家庭教育的圭臬,今天已经不再提倡。其效果究竟如何,在此不做讨论。笔者只想提出如下一点浅见,以求教于方家:如果说挨打真的有用的话,只有孩子认识到事情本身的是非对错,明白父母的苦楚痛心,后续再加以合理的管束教育,这打才不会白挨。因此,如果说马君武哪一次挨打对他最具教益的话,恐怕应该是12岁那年回到桂林所挨的那顿。

> 这一次所挨的打,恐怕是这一世最利害的罢。遍体都是伤痕,几天睡在床上不能行动。大妹和二弟年纪虽轻,都来说些话安慰我。大妹说:"哥哥学好罢,这样使母亲呕气,成什么话?"我听了这些话益加流泪,此时便下一个很坚定的决心,就是"拼命读书"和"立志做人"。

人生处处是迷途,关键在于是否具备迷途知返的内在潜能和外在条件。马君武的幡然悔悟,显然与以下几个方面密切相关:心灵中已然种下的读书意识,由于迷途不远,未曾泯灭;其在阳朔彻底放飞之时,能直觉到自己的不是,只是控制不住自己的心性;舅父的训斥和及时止损送其回桂林,要马母严加管教;母亲的暴打(可以想见,暴打的同时,必定有斥责,也许还少不了哭诉,单纯只是暴打,如果说有效果的话,也极其有限);大妹和二弟的安慰,尤其是大妹的那番稚言。

此后,马君武真正开始了自己的苦读历程:先是由陈允庵(马母诸淑贞舅父)夫人做主,同自己七岁的表弟陈夷初一道,在陈家读书,由两位表舅陈俊卿和陈月三教读;后在陈允庵四子陈智捷的张罗下,到陈智捷的亲戚张善庭家搭馆,从伍连城先生读书,每天上学、放学途中,均是"手中拿着袁了凡《纲鉴》《圣武记》或其他的书,一边去街,一边读书",一年下来,便可做整篇的八股,并"把父亲遗下来的书,通通读完"。此后,马君武再从康门高足况仕任、龙应中等问学,入体用学堂,进丕崇书院,而至负笈东游。这苦学期间的拮据生活,自是苦不堪言,但至此马君武已经看到了用勤苦化贫苦的希望。

读书和干活,从来不是先后关系。在家境如此困窘的情况下,不帮母亲干活,恐无可能。为了维持生活,马母除了照顾两儿两女外,总要"向裁缝店领衣服来缝衣边,又向爆竹店领爆竹来插引线"。马君武"和大妹年纪稍长,每天有许多时候帮母亲缝衣边,插爆竹引线"。嗣后马君武便是卖文自给或以工养读,再后来,马君武便用勤苦的笔耕撑起了留学,乃至撑起了家庭,不仅随笔杂论频频见诸报端,译作稿费更是成为其留学或者蛰居期间家庭的主要经济来源。至于工作之余,马君武亦是笔耕不辍,"无论在轮船上,火车上,公余稍暇,会客时间,都常常从事译著"。据挚友李四光回忆,有一次他去实业部看马君武,马君武穿着黑呢的德国式厚大衣,天气并不甚寒,我们握手以后,我感觉着他的手和冰一般冷。虽然许多年不见,并无多话可讲。我向君武先生说:"你为什么这样的冷?"他答:"昨晚译书译到两点多钟,今早起来,怎么不冷?"

勤苦是消灭贫苦的唯一的路。马君武从家庭教育和成长经历中获得的这种认知,推动他走上了用勤苦工作来改造贫苦中国的奉献之路,推动他形成了"三苦"教育理念:教授苦教、职员苦干、学生苦读。

从且工且读中走出的马君武,对锄头的价值别有一番认识。因此,在执掌广西大学期间,马君武不仅在校内筹集"苦学基金",给学生提供勤工俭学的机会,以解决贫苦子弟求学的后顾之忧,帮助学生用勤苦化贫苦,而且规定每周有一个下午的劳动,甚至在栽树期间,"有时连续二三日的下午都栽树"。马君武奉行的锄头运动,既可以给学生带来生活上的补贴,也可以强健学生的身体,磨炼学生的意志,维持学生的劳动习惯,并通过让学生亲自参与校园建设,让学生获得真真切切的成就感和家园感。"校址蝴蝶山的坎坷,是我们填的;大操场的土方,是我们挖的;所有路旁的行道树,都是我们栽的。"当我们读到马君武某位学生这番话时,也许可以脑补出一副洋溢着自豪的面孔。

马君武的锄头运动,并不限于学校。定居杨行后,马君武在镇东置地几十亩,以种植果树为主,兼种水稻、棉花和大豆等作物,暇居之时,白天扛锄,晚间执笔,过着马基雅弗利一般的生活。二子保之、卫之每当放假回家,马君武便安排兄弟俩去田间地头锄草、除虫、修枝、施肥、摘棉、收割,无一不做,至于整理庭院、打扫卫生等,更不在话下。马君武种植的果树中,以桃为主,兄弟二人对此印象极为深刻,他们的描述在令人动容之余,也令人忍俊不禁。

……春季落英缤纷之后,果实逐渐地成长,为了防止虫类或鸟类对果实的伤害,父亲带着我们——主要是保之哥和我,将行将成熟的果子逐个用纸袋包扎起来。这是一种相当劳累的农活,有的桃树相当高,不能不爬上树干进行操作,这样的活儿,几乎都由我们兄弟俩承担。在包扎桃子的时候,有时会碰到隐藏在不显眼地方的黄蜂窝,这时往往会展开一场人蜂之间的"遭遇战",有时父亲也未能幸免。我们作为万物之灵,当然不甘示弱,拔掉嵌在皮肤里的刺涂些碘酒,又继续劳动。

到收获时节,要我们协助将桃子运到上海去卖。当时由于包装不善,擦伤的果子都卖不掉,只能运回家留给

> 自己吃,于是每天都大吃水蜜桃,吃腻了,连正餐也不想吃了,以至我现在对水蜜桃还是敬而远之。

马君武一生对种树情有独钟,按他的话说,"兄弟到各处地方,都喜欢种树,对于种树有特别嗜好"。在他看来,"今日广西当务之急,无过于筑路、造林",广西至少有 1/3 的土地可以植树。据苏宏汉回忆,马君武主政广西大学期间,为保障办学经费,甚至计划将来把与蝴蝶山隔江相对的地方,划为西大林区,"种以油桐、油菜、茶叶及其他经济树木为主的经济林"。"种树如培佳弟子",这是马君武为自家门联撰的上联,只是,这句话尚不足以概括他对树木与树人的理解:马君武的树木,不只是在树木,也是在树人;他树的人,不只是可以读书的人,更是实打实可以种树的人,是可以拿起锄头干活的人。

书本与锄头,是马君武刻在自己心灵里的那个"早"字,也是他锤炼学生和儿子的两副铁砧。

社稷心赤,桑梓情深

依马君武的才能,在上海成家后,要谋得一份勿需辗转颠沛的体面工作,应属易事,哪怕只是守着杨行的几十亩地,昼间农耕,晚间笔耕,也可以过上体面的生活,为何他却总是撇下家庭,只身"离乡背井",北上南下,自找苦吃?

答案显而易见却又并非不值一述:社稷心赤。

综观马君武自赋的诗词和译介的文学作品,其中一个大头是对民族英雄的歌颂、对民族败类的斥责、对丢城失地的哀痛以及爱国主义情感的抒发,而揭露痛斥社会腐败黑暗、哀民生之多艰以及甘为共和日夜拱卒这类题材,则是另一大头。马君武自陈,第一类爱国主义情感的迸发,多赖陈俊卿、陈月三两兄弟,以及况仕任、龙应中等康门子弟,尤其是广西体用学堂的唐景崧;甘为共和日夜拱卒则出自于孙中山的感染与教诲。至于社会腐败黑暗、民生多艰之类的主题,我们固然可以从马君武的穷苦生活中去寻找答案,但马君武还给了我们另一个观察问题的视角:令他牢记在心的那位"苦读成名且曾做好官的马丽文先生",那位参劾耆善误国的曾祖,那位在高州时"有许多美政,颇为地方人所爱戴"但依旧逃脱不了继续被迁谪的思恩知府。

然则,好男儿志在四方,在上海便不可以报国?尤其是,去北京也就罢了,接受李宗仁的邀请,去自己的伤痛之地(马君武 1922 年撤离南宁行至贵县时,遭新桂系俞作柏部袭击,并留下了痛苦的回忆)白手起家,且是长期艰苦奋战,难不成凭的是越苦越向前的热血豪情?马君武从不缺热血豪情,但要让他付如此的代价,去这样的地方,仅凭"热血豪情"四字,难以做出充足的解释。

马君武是广西人，桑梓情深。也许有人觉得答案就这么简单。

答案确实就这么简单。只是，我们有必要再追问一句，是什么能够让他桑梓情深到这个地步？

一切乡情的背后，都是乡亲。一切说得出说不出名字的乡亲的情谊，都可以滋养出桑梓情怀。乡亲情谊愈厚，桑梓之情愈深。所谓报本返始，无外乎此。只要对前文稍作梳理，我们便会发现，在马君武的内心深处，自己固然是一个土生土长的广西人，但更是一个从祖父到父亲再到自己都受到广西人照顾、帮衬，才有"今天"的外地人。这两种认知的交汇，足以让马君武产生远较常人强烈的使命意识和报答意识以及改变广西落后面貌的迫切心态：发达广西不仅是自己作为广西人应有的使命，更是一个外地人对广西的报答。

广西不只是马君武的政治滑铁卢，不只是令他弹泪的伤痛地，更是他念兹在兹的故乡和他乡。这便是他选择"穷则退隐沪上，达则献身广西"的深层答案。前文所述在办学问题上对李、白的抗争，在建校问题上书本与锄头的并重，都是他上述使命意识和报答意识的历史见证。也是基于这种意识以及发达广西的迫切心情，在创建广西大学时，马君武为延聘名师，不但不惜重金开出较为优厚的薪酬，而且力主将校址设在水路交通便利的梧州，而不是南宁和桂林（彼时广西陆上交通极为落后，这也是马君武将筑路作为广西当务之急的一大原因），以便省外教授溯江直达。

当然，使命意识需要培养，这方面前文所述唐景崧、陈俊卿、陈月三兄弟，以及况仕任、龙应中等给予马君武的教导和感染，或居功厥伟。同样，报答意识也需要激活，这方面自然是自家人才能引起马君武的自觉（在感恩心的培养方面，从心理学角度而言，外人所谓的点拨，往往都具有强迫性质，很难引起人的自觉心）。且看上文已述马君武牢记在心的那件事：马丽文为纪念恩师吴先生，将自己的孩子起名为马光吴，甚至欲将孩子过继给吴先生。可以想见，马君武祖母在讲这件事的时候，大抵并非出于刻意，想着要给马君武灌输感恩意识，但就是这稀松平常的家常，这内心情感的自然流露，让马君武入耳了，入脑了，也入心了。教育也许就是这么平凡，同时也是这么神奇。

正基于此，马君武不仅具有强烈的报本返始之心，更乐于向故旧伸出自己的热情之手。前文提到的赵健卿先生，教马君武读书不到一年，马君武执掌广西大学后，便请他到广西大学做秘书（教过他小学读书的先生，到彼时只有赵健卿一人在世）。和马君武同庚、4岁之后便再未相见的郑兰征（郑兰征父郑世隆是马衡臣在恭城初出道时的同事，对马衡臣颇多照顾），也在马君武的照顾下，在广西大学谋得一份工作，干得相当出色。

社稷心赤，桑梓情深，同样是马君武刻在自己心灵里的那个"早"字，也是他力图刻在广西大学学子和自己孩子灵魂深处的那个"早"字。广西大学学子自不必言，且看他怎样极力将这两大基因植入马保之、马卫之兄弟二人的灵魂。

马君武奉母至沪后,留日期间将诸氏托付马相伯先生代为关照。日后马母顺理成章加入天主教。后马君武在母亲的主持下,在上海娶信奉基督教的本地女士周素芳为妻。马保之、马卫之出生后,周素芳按基督徒习俗将两兄弟分别取名为"保罗"与"大卫"。马君武由德归国后,巧妙利用两兄弟的"之"字辈份,极富创意地将二人改名为"保之"与"卫之",其意不言而喻。马保之1929年从金陵大学毕业,马君武即要求他"约两位同班同学,并邀请翁德齐先生一同到广西大学任教"。马君武支付给马保之的薪水是每月120元,付给外省籍助教每月的薪水则多40元。马君武的解释是,"广西既穷,又缺少人才,想将外省籍的罗致到广西来很不容易,外省籍的愿意来(广)西大(学)任教,只能用这种多给一些钱的办法来鼓励"。在马保之的婚姻问题上,马君武曾一再表示,希望他"娶一位广西小姐,以符合广西人爱广西、共同为桑梓服务的愿望"。"由于物色不到适合的广西小姐",马君武有时甚是焦急,在双方意见不一致时,甚至捉住马保之就是一顿痛骂。日本发动全面侵华战争后,马保之又回到广西,在柳州沙塘工作,身兼中央农业试验所广西工作站主任等七职。在此期间,马保之结识了来自上海的女士蓝乾碧,马君武便设法将蓝乾碧留在桂林,无奈未能如愿。1939年,马保之和蓝乾碧结为伉俪,两人住在柳州沙塘,马君武终于如愿以偿。在去沙塘视察广西大学农学院时,马君武常去看望儿子儿媳,并聘蓝乾碧为农学院女生管理员。

马保之是我国著名农学家,曾"浪迹台湾及海外半个世纪"。1999年,马保之回里定居,遵循马君武"为广西培养人才"的遗训,"仆仆于桂林、南宁之间,坚持为广西师大和广西大学农学院部分研究生义务授课"。据相关资料显示,马保之早在1991年,便同子女一道为广西教育捐资170多万元,2002年又引介新加坡支显宗基金会到广西捐资助学1000多万元。此外马保之还在广西设立了"马君武校长及夫人马周素芳奖学金""马保之奖学金"和"马蓝乾碧女士奖学金",并立下遗嘱,将自己名下在桂林的一套房产变卖,"所得款项捐献给广西的教育事业"。①

书本与锄头,不仅是马君武锤炼学生和儿子的两副铁砧,更是马君武要他们改造中国、发达广西的武装。广西大学的定位,就是一所专注于理工农矿的高等学校,其宗旨就是要培养实用人才,就是要源源不断地创造出用科学武装起来的新式劳工;从广西大学走出去的,是要回到家乡做工、建设家乡的学子,而不是洋秀才、大少爷。

马君武对两个儿子的定位,也是如此。马君武并不反对文学、艺术,如前文所言,马君武文学造诣极高,但鲜为人知的是,他小提琴也拉得极好。马君武夫人周素芳女士当年曾受基督教女青年会委托,利用自家厅堂,开设了一所半日制义务

---

① 骆南华:《马君武父子鲜为人知的故事》,载《农家之友》,2015(7),第40页。

学校。周素芳深爱弹奏钢琴，为此，马君武专门购置了一架钢琴，供周素芳练习，并兼作义校的教具。在父母的熏染下，兄弟俩一个爱上了小提琴，一个爱上了钢琴。但马君武一贯认为，文学艺术就像花草一样，只能供观赏，不合实用，既不能养家糊口，也不能殖产兴业，更不能救国兴邦，不宜投入大量精力。

像今天父母围着孩子升学转一样，马君武当年为了让两个孩子能上个好中学，曾向自己的得意门生胡适征求意见，最后选择了澄衷中学，为了孩子上学方便，还把家搬到了学校附近的桃源里。基于科学救国、实干兴邦的理念，在马保之和马卫之进入中学后，马君武便开始着意培养两个孩子对自然科学的兴趣。马保之高中毕业时，马君武给他直接框定了选择范围：理、工、农、医。马保之似乎继承了父亲对大自然的热爱，也实打实地接受了父亲只有学农科"才能真正接近大自然，才能铲除农村的贫困，才能使每个中国人都有饭吃"的教诲，走上了农学之路。

马卫之高中毕业后，则直接在父亲的安排下，负笈西游，入海德堡大学攻读医学。只是，颇值得玩味的是，这一次，老骥马失前蹄。马卫之没有遵从父亲的教诲，而是在两年的徘徊之后，选择了兴趣这位最好的老师，最后成长为一名优秀的音乐学家。正所谓斗转星移，沧海桑田，1972年，中国和西德建交，武汉大学恢复德语专业。也就是这一年，武汉大学来了一位音乐专业的德语教师。他便是马卫之。

文章的最后，且让我们把时钟拨回到1885年。这一年马君武4岁，马衡臣请东家曾纪平给马君武"发蒙"。

> 寻常发蒙时要读"人之初"这一部书上的四句，就是："上致君，下泽民，扬名声，显父母"。我父亲以为这未免太俗，并"人之初"一本书也全不要我读。

40年后，在一次演讲中，马君武曾发表过自己的看法。

> 以前读书的人，他们的目的是升官发财，"上致君，下泽民，扬名声，显父母"。"下泽民"，为民众谋福利，这是当然的。但什么"上致君"，尽忠于皇帝私人；"扬名声，显父母"，为自己打算，那真是大错特错了！……所谓"劳心者治人"，这真是我国积弱的原因，是一种恶习，是笑话！

至此，让我们回到那个烽火岁月，聆听马君武先生为广西大学填写的校歌。

> 保卫中华，发达广西，是我们立校本意；为国牺牲，为民工作，是我们求学目的。努力，努力，大家一齐努力，求得知识，练好身体，更遵守严格纪律。努力，努力，大家一齐努力，对内团结，对外抵抗，为祖国奋斗到底。

"老农勤稼穑,向晚尚冬耕。"这首社稷心赤、桑梓情深的校歌,固然是对广西大学学子的鞭策,亦未尝不是马君武对两位公子的期待,更是马君武自己一生的写照。这一生的起始,也许就在那位把家同样留在"大后方"的曾祖马丽文。

第三篇

布衣情愫　星河长明

布衣情愫,星河长明。陶行知、章绳以两位年龄相仿的平民教育家,一为须眉,一是巾帼,分别致力于贫苦儿童的普及教育和妇女同胞的家事教育。两人用"行与知",用"绳之以民",共同回答了时代提出的两个叩问:中国的儿童教育向何处去?娜拉出走后该怎么办?

第一章

陶行知 ▸ 生活即教育 家庭即学校

　　华夏大地,地名相同者甚多。在安徽境内,有一条小有名气的河流,名丰乐河,该河源出大别山支脉,在三河古镇携小南河同杭埠河合流,再过一箭之地,便汇入巢湖。在皖南山区,也有一条丰乐河,它名不见经传,是钱塘江上游干流新安江的支流(练江)的支流。

　　丰乐河畔,有一座小村,名为黄潭源。黄潭源沿河下行约7里处,是该村所在歙县的古县城;向南行40里,是有"小小休宁城,大大万安街"之誉的邻县休宁县安乐乡三都万安街(今休宁县万安镇万安老街)。"捧着一颗心来,不带半根草去"的伟大人民教育家陶行知先生,就是在这三个地方度过了自己人生的最初16年。[①]

丰乐河畔的贫苦:刻在骨子里的根脉

　　"丰""乐"是两个美好的字眼。只是,美好的字眼恰恰映

[①] 章开沅、唐文权:《平凡的神圣——陶行知》,武汉:华中师范大学出版社,2013年,第41页。

照的是残酷的现实,那个时代丰乐河畔的人家,普遍逃不过"贫""苦"二字。因此,化贫为丰,转苦为乐,自然是人们的普遍向往乃至生活追求。

不独丰乐河畔的人家如此,包括歙县在内的整个古徽州地界上的人们,都是这样。

由于山多地少,土地贫瘠,在封建时代,这里的田地"所产至薄,大都一岁所入,不能支什一",因而"小民多执技艺,或贩负就食他郡者,常十九"。鉴于新安江各重要支流沿岸商贾可以顺流而下,而后借新安江—钱塘江水道至杭州、绍兴,以至宁波、上海、苏州、镇江、扬州等长三角商贸发达的城市,"以贾代耕""寄命于商"就成为这一地区人们的普遍选择。在缺田少地的家庭,"从商"自然也便成为一种职业追求,在实际价值方面可以获得较高认可,虽然商人未必会拥有比农人更高的社会地位。当然,倘能学而优则仕,那是最好不过的了。

黄潭源村也不例外。

话说该村东头陶家巷内,有这么一户陶姓人家,伯仲叔季依次取名位朝、位商、位农、位工。"朝商农工"的排序,或许既可以看作是这户人家现实的价值选择,也是这户家庭缺田少地的一个注脚。然而,世间有几人究可为官,竟可为宦?尤其是普通人家,入朝为官的意愿未必如想象中那般强烈,像范进那样不计一切代价只为科举,只是特例。因此,陶家长兄陶位朝也只是粗通文墨,而后前往休宁,在万安街经营起了酱园生意,并娶原籍绩溪北乡的女子曹翠仍为妻。这对夫妇便是陶行知的父母。

万安街沿新安江支流横江而建,是彼时徽州重要的水运码头和商贸地区。陶家为何舍近求远,不去歙县县城经商,而是来万安街做酱园生意,且不细说。我们只需稍提一句,19世纪从安庆走出的一代酱王、"胡玉美"创始人胡兆祥,祖籍也在万安。

一谈起徽州,人们往往就会想到大名鼎鼎的徽商;一谈到徽商,眼里或许便只有那些叱咤风云的富商巨贾。成功者偏差往往会让我们忘了,在商业生态圈内,绝大多数都是只能勉强养家糊口的小商小贩,顶多成为小富之家。他们的生生灭灭,才是这个圈子的常态。尤其在封建王朝的末世,就更是如此。

陶家的酱园生意也没有摆脱这种常态。由于经营难以为继,陶父在陶行知3岁时,将酱园盘让给他人,携妻儿回黄潭源务农,耕种自己那份坐落在"陶家圫"的一亩多田地。陶行知8岁时,陶父一度在万安谋得一份管理文书契约的工作,3年后又回家种田,兼营贩菜等小本生意,艰难度日。

万安是承载陶家梦想的地方,也是令陶家心碎的地方。陶父不仅在这里两度折戟沉沙,陶行知姐姐陶宝珠也是在这里因庸医早夭。不知是出于麻醉,还是为了振作,抑或是由于其他什么原因,陶父逐渐吸食上了鸦片。

人云"非勤俭不能治生",生活在徽州地区的贫寒人家尤其如此,陶家更不例外。陶母曹翠仂置办过一把剃头刀,用它剃过陶父的头、陶行知的头以及陶行知四个儿子的胎头。陶母去世时,陶行知曾写有一首诗《吾母所遗剃刀》。

> 这把刀!
> 曾剃三代头。
> 细数省下钱,
> 换得两担油。①

由于家境贫寒,陶行知幼时甚至无钱上学,幸得聪颖好学,在黄潭源隔壁旸村开设蒙馆的通村秀才方庶咸先生,免费为其破蒙,而后从父读书习字。陶父重返万安后,家境有所好转,陶行知也得以入万安街吴尔宽经馆就读。随父再度回到黄潭源后,陶行知辍学在家,后经亲友介绍,到县城上路街程朗斋秀才处习四书,半工半读。由于陶家经济日益拮据,到后来陶行知只得一面劳动一面自学,遇有疑难处,隔三岔五前往15里外航埠头曹家经馆,向该馆塾师、歙县名士王藻贡生请教。

随着清季国门洞开,基督教各派教会纷纷来华传教,徽州自然也在目标之列。1875年光绪即位。是年,超宗派跨国基督教差会组织中国内地会踏上徽州大地,时隔不久便在歙县

---

① 陶行知著,华中师范学院教育科学研究所主编:《陶行知全集》(第四卷·诗歌),长沙:湖南教育出版社,1985年,第216页。

城内小北街创设教堂并开办西医诊所。1895年《马关条约》签订。是年,对陶行知影响至深的内地会传教士英人唐进贤抵达歙县传教。1900年《辛丑条约》签订。是年,唐进贤在教堂内开设附属学堂崇一学堂,课程除国文外,全部为西式课程,包括英语、数学、理化、医药常识等。1905年日俄战争以日本胜利宣告结束,清政府派载泽、端方等五大臣赴欧考察宪政。是年,生活坎坷失意的陶父经人介绍参加教堂活动,随后加入内地会,受洗为基督教徒,陶母则经介绍到教堂帮佣。1906年清廷宣布预备立宪。是年,15岁的陶行知因经常随父进城卖菜,不时去教堂看望在那里帮工的母亲。唐进贤见其勤劳聪颖,遂安排其免费入读崇一学堂,并在通事(即翻译)章觉甫家搭伙,直至1908年(是年,光绪、慈禧先后去世)唐进贤回国。

生活教育铸就爱满天下

也许有人觉得,笔者行文至此,还没有进入正题。其实不然。

美国第16任总统亚伯拉罕·林肯在演说名篇《葛底斯堡演说》中留下了一条久诵不衰的短语"government of the people, by the people, for the people"。陶行知先生应该是将这条短语融进了自己的血液,其教育思想的三大精神实质生活教育、民主教育、全民教育,均有来自这条短语的启迪。在阐述生活教育理念时,他明确将生活教育定义为"生活所原有,生活所自营,生活所必需的教育",并直接将其对译成"Life education means an education of life, by life and for life"。①

黄潭源村属于佃农村,生活在黄潭源村的人家,不独陶家生活贫苦,绝大多数家庭都是如此。陶行知的童年和少年,都是在这种贫苦的环境中度过的。因此,陶行知不仅自己饱尝艰辛,也见证了农民的疾苦。在陶行知的思想中,"过什么生活,便是受什么教育"。陶行知过着贫苦的生活,自然便受着贫苦的教育。只是受过贫苦教育的人,既有可能发奋图强,也有可能听天由命,甚至自暴自弃;既有可能悲天悯人,也有可能木人石心,甚至跷强凌弱。因此,在底层社会环境中长大的陶行知,未必如人们平常以为的那样,自幼便具有亲民爱民的自觉意识。

不过,贫苦教育的确构成了陶行知生活教育的底色。他熟悉贫苦农民的生活,同身边贫苦大众之间有着一种亲近的关系,这为他今后决定从事平民教育,轻松把握平民教育的侧重对象,为晓庄学校、自然学园、儿童科学通讯学校、山海工学团以及育才学校的具体办学思路和办学实践提供了经验材料。

一般而言,贫苦教育会赋予人们勤俭的品格,虽然偶尔也有例外。陶行知一生终日奔波、省吃俭用,那种艰苦卓绝的精

---

① 陶行知著,文明国编:《陶行知自述》,合肥:安徽文艺出版社,2013年,第193—194页。

神,那种硬干、实干、苦干的品格,显然根植于家庭的贫苦生活教育。只不过,我们看到,他后来的勤俭已经不再是为图"治生"做出的无奈选择,也不是往日贫苦处境塑就的生活惯性,而是他为实现自己"爱满天下"的教育理想主动选择的生活追求和精心谋划的教育实践。陶母的那柄剃刀,虽然并不一定直接启发陶行知节俭办教育的思路,但至少已经在他头脑中化为一种意象。

按照陶行知的生活教育理论,"过好的生活,便是受好的教育;过坏的生活,便是受坏的教育"。受坏的教育,得到的自然便是坏的结果。有人或许会说,陶行知的这种看法,并非什么独特的真知灼见,世人所谓"近朱者赤,近墨者黑",说的都是同样一个道理。

但有意思的是,与鸦片相伴的陶父,居然养出了一位伟大的人民教育家!这既不符合陶行知的理论,也不符合一般人的经验认知!

倘若实际与理论不符,错的必然是理论;事实与认知相背,错的必然是认知。那么,陶行知的生活教育理论错了吗?我们的经验认知是错的吗?又或者这里出现的情形纯属偶然,不足以构成对一般趋势的否定?但问题是,现实生活中类似的例子比比皆是,不胜枚举。我们当然不能就此得出类似"恶是推动事物发展前进的动力"那种狗屁不通的结论,"恶可造善"的伪辩证法毕竟不是辩证法!那么,问题出在哪儿呢?

且容我先讲个故事。众所周知,2 000多年前,苏格拉底接受审判时,被控犯下两条罪行,其中一条是"败坏青年"。依色诺芬《回忆苏格拉底》所言,"败坏青年"的罪证主要集中在克里提亚和阿尔喀比亚德两位身上。指控说,这两位一个是"组成寡头政治的成员中最贪婪和最强暴的人",另一个"则是民主政治中最放纵、最傲慢、最强横的人",他们之所以"使国家蒙受了大量的祸害",就是和苏格拉底交游的结果。但他们的败坏真的是同苏格拉底交游的结果吗?事实恰恰相反。"在同苏格拉底交游的时候,借助于苏格拉底的榜样,他们是能够控制住自己的不道德的倾向的","他们离开苏格拉底之后",便堕入了足以使他们败坏的生活环境。

> ……他们既然这样幸运,又有高贵的出身可引以自豪,财富使他们洋洋得意,权力使他们不可一世,许多不好的朋友败坏了他们的德行,这一切都使他们在道德上破产,加以长时期不和苏格拉底在一起,他们变得倔强任性又有什么可怪呢?①

关于苏格拉底的这个故事,或许可以解释我们的疑问。其实,吸食鸦片只是陶父人生中的一个片段而非生活的全部。由于鸦片和鸦片战争给中国人民带来的危害、苦难和屈辱蚀

---

① 色诺芬:《回忆苏格拉底》,吴永泉译,北京:商务印书馆,1984年,第9页、第11页、第12页。

骨铭心,我们往往会不自觉地全盘否定我们生活圈子之外的吸食者,因为我们所获得的有关这位吸食者的最突出的信息乃至唯一的信息,就是其吸食鸦片。这种以偏概全、见木不见林的倾向,不独发生在此处,而是我们日常生活中普遍容易出现的直观误区(顺便说一句,也是很多诡辩人士惯用的伎俩)。一旦我们了解到陶父的勤劳,了解到他皈依基督教,了解到他受儿子发奋求学的鼓舞毅然断掉自己的不良嗜好,陶父的形象便丰满起来了。更何况,彼时社会上对吸食鸦片已经开始持普遍的否定态度,而不菲的吸食开销又让这个经济上捉襟见肘的家庭雪上加霜。正因如此,陶行知不仅厌恶鸦片,还把禁绝鸦片纳入了自己的教育实践。也正是这段特殊的家庭经历,让陶行知对吸食鸦片的人别有一番体察:"不吃鸦片的人,一见鸦片就生厌恶,但吃过鸦片的人,虽然戒了瘾,至少对它有相当的感情。"当然,陶行知的此番言论,绝非是在为其父辩护,而是在理解之否定的基础上,在"行是知之始,知是行之成"的理念框架下,以此为例,告诉同仁,行动的教育,要从孩子"小的时候就干起",否则"费尽九牛二虎之力,挣扎着改变久受束缚的人生",还很难能"回复自然的行动本能"(但不要灰心,任何时候都不算晚)。

您也许会问,笔者缘何在此驻留许久,难不成是因为不好好渲染一番,对不起这么一起好不容易才有的"八卦"? 或竟只是为了回答"问题出在哪儿呢"那个问题?

非也。如果我们承认世间存在反面教材的话,毫无疑问,陶父的这一人生片段构成了陶行知所受生活教育的有机部分,更成为陶行知教育思想和教育实践的经验材料。陶父的这一人生片段,是一只非常好的"麻雀",我们可以通过解剖这只"麻雀",来审视家庭教育研究领域中的一个边缘议题:家庭中的负面因素在人生教育中究竟处在什么位置。事实表明,"恶可造善"纯属似是而非的悖言乱辞,陶父成功戒掉毒瘾,恰恰在于他所受的好的教育压倒了坏的教育。

陶行知的成功,毋庸置疑,同样在于他所受的好的教育压倒了坏的教育。从家庭教育角度来看,如果我们承认孟母三迁是中国历史上家庭教育典范的话,这种好的教育,除前文言及的勤俭教育外,自然也应包括前文详述陶家自觉或不自觉地为陶行知尽可能接受好的学校教育提供良好条件,从而让他走上了引导人民摆脱贫苦、追求丰乐的教育之路。其从父读书习字、受方庶咸先生免费破蒙、从程朗斋先生半工半读、隔三岔五往王藻先生处请教等从学经历,更是同他后来教育孩子的方式方法如出一辙。

为陶行知立传的人,大多都会书上这么几笔:陶行知是(或很可能是)东晋诗人陶渊明的后裔,"为求祖先庇荫,正宗壮气,自然也为遥奉先祖,勉励后人",黄潭源村陶氏始迁祖舜廷公,"在村东建了一所草房,并由陶渊明《五柳先生传》而命名为'五柳堂'"[1],村东陶姓聚居地遂称"五柳巷",如此云云。

---

[1] 王一心:《风与火:陶行知》,南京:南京师范大学出版社,2012年,第53页。

高手述事，往往接着就是一个转折——陶行知一生却鲜少谈及陶渊明，跟着便是推衍陶行知为何如此的各种可能。

不过，从日常生活角度来看，即便是普通人，将先祖中至显至赫的名人挂在嘴边的，也是极少数。陶行知即便鲜少谈及陶渊明，也并不等于后者不会对前者产生潜在影响。甚至可以极而言之，作为家族"文化图腾"的"五柳"，已经浸入了成年陶行知的血脉。陶行知在晓庄办学时，便将自己居家之地取名"五柳村"。为了光大平民教育事业，给山海工学团筹集资金，陶行知1932年曾刊登过一则以谐托庄的《卖艺》启事，其间自谓"自杀不成怕坐牢，从来不演折腰戏"。此前，陶行知亦曾于1931年赋《问五柳先生诗》一首。

> "五柳先生，今安否？
> 析疑请看大门口：
> '折腰不为米五斗，
> 缘何偏种折腰柳？'"
> 五柳先生答
> 五柳先生笑致辞：
> "愿君且莫诬吾柳。
> 不是柳腰是柳手，
> 要招诗人与酒友。"

陶行知的生活教育理念中，有一条是"以生活影响生活之教育",具体而言即是"拿好的生活来改造坏的生活,拿前进的生活来引导落后的生活"。陶行知所接受的生活教育,为他铸就爱满天下的崇高品格,为他走出贫苦大地而又回归贫苦大地,为他形成创造性的生活教育理念,为他勤俭办学的办学思路,乃至为他创新性的"教学做合一"理念和"社会即学校"理念,播下了一粒极其珍贵的种子。

把学校搬进家庭

陶行知是一位敢于突破自我、勇于颠覆自我、善于超越自我的智者。这位原名文濬的教书先生,先是改名知行,后又改名行知;先是脱下长袍,紧随杜威、孟禄步伐,倡行"学校即社会"理念,后又脱下西装,秉持"吾爱吾师,吾更爱真理"的精神,创造性地提出"社会即学校"。作为"社会即学校"理念合乎逻辑的延伸,"家庭即学校"便成为陶行知的自觉认知,家庭既成为其践行生活教育理念的园地,也成为他创新生活教育的沃土。

"自立立人"和"人中人"。"教学做合一"是陶行知教育思想中的一条核心理念。该理念一言以蔽之,即"教的法子根据学的法子;学的法子根据做的法子。事怎样做就怎样学,怎样学就怎样教"。陶行知育有四子,长子陶宏、次子陶晓光、三子陶刚、四子陶城。故有人据陶行知"教学做合一"原则,问了一个俏皮但又直指核心的问题:"夫子的儿子教学做，可得而闻乎？"显然，根据"教学做合一"原则，"儿子要在做上教，这是没有疑义的"。对此，陶行知说："我希望每个儿子做成一个什么样的儿子，我得把我自己先做成那样的一个儿子。"①

陶行知的这句话，乍一看，很容易理解为怎样教儿子做儿子。从这个角度延伸，自然会有另外一番景象，而这番景象，同这里的问题和陶行知对这个问题的回答，倒也贯通。但显然，问者在这里想问的，是陶行知怎样教育子女。唯有如此，这个问题才显得颇为俏皮，才看似颇有几分"以子之矛攻子之盾"的意味——作为成人的陶行知，怎样才能把自己做成小孩子。

由此，这里真正的核心问题是，陶行知希望自己的孩子成为一个什么样的人，怎样成为这样的人，为什么要成为这样的人，以及他的这种家庭教育是否具有普遍的意义？

希望自己的孩子成为一个什么样的人，以及为什么要成为这样的人，在陶行知这里，甚至可以说，在同时代几乎所有教育家那里，从来都不是理论问题，而是个实践问题。自立立人、人中人而非人上人，都是这批教育家的普遍教育理念，是他们不言自明的教育实践前提。

从陶行知的生活教育理念出发，"教学做有一个共同的中心，这个中心就是'事'，就是实际生活"；而这个实际生

---

① 陶行知著，华中师范学院教育科学研究所主编：《陶行知全集》（第二卷·论著），长沙：湖南教育出版社，1985年，第460页。

活,乃是人民的生活,并非仅仅只是某个个人自己的生活。其创作的《自立立人歌》,全面反映了他的这种生活教育理念,反映了他人中人而非人上人的育人目标,在今天仍然具有极为重要的醒世价值。兹照录如下。

> 滴自己的汗,吃自己的饭,自己的事自己干,靠人,靠天,靠祖上,不算是好汉。
>
> 滴自己的汗,吃自己的饭,别人的事我帮忙干,不救苦来不救难,可算是好汉?
>
> 滴大众的汗,吃大众的饭,大众的事不肯干,架子摆成老爷样,可算是好汉?
>
> 大众滴了汗,大众得吃饭,大众的事大众干,若想一个人包办,不算是好汉。[①]

从育人目标上来讲,就陶行知本人而言,在"儿子教学做"的问题上,"我得把我自己先做成那样的一个儿子"从来都不是问题,上述《自立立人歌》,本身就是对他人如其名的一个注解,是其真实生活的一个写照。但我们这个社会呢?大家是否普遍具有自立立人的意识?是否具有做人中人而不做人上人的意识?因此,陶行知的"儿子教学

[①] 陶行知著,华中师范学院教育科学研究所主编:《陶行知全集》(第六卷·其他),长沙:湖南教育出版社,1985年,第775页。

做",他的"我要教儿子自立立人,我自己就得自立立人。我要教儿子自助助人,我自己就得自助助人",看似是在回答别人的问题,实则是在提醒我们树立自立立人的意识,树立人中人的意识,并践行这种理念。《自立立人歌》不只是写给孩子们的,更是写给我们的!

陶行知对育人目标的解答,同时也包含了对"怎样让孩子成为这样的人"的解答。这其中第一个答案,一目了然:大人要以身作则,自立立人,通过身教的方式,以大人的生活来影响孩子的生活。第二个答案则需略加推演:孩子的事,大人不能大包大揽;凡包办者,决非好汉。在陶行知看来,"中国社会对于小孩的教育,普遍只有两个阶段:一是全然依赖,二是忽然自立。这中间缺少渐进的桥梁"。因此,陶行知在和自己小孩商议的基础上,得出了"儿子教学做"的四个阶段,并公之于众,以作时人家庭教育的参考。

> 第一阶段,三餐喂得饱,个个喊宝宝;第二阶段,小事认真干,零用自己赚;第三阶段,全部衣食住,不靠别人助;第四阶段,自活有余力,帮助人自立。

作为一位心底无私、情系人民的伟大教育家,陶行知不只乐于敞开胸怀,分享他的教育理念和教育实践,甚至具有极其强烈的分享欲,总会利用各种场合、抓住各种机会即知即传,带头"把学问从私人的荷包里解放出来"。正是透过他坦然的分享,同他没有直接接触的人,也得以了解其家庭教育方面的许多细节,得以了解其孩子的成长经历,得以了解这位出自哥伦比亚大学师范学院的教育家,还有个干得一手好农活的儿子。 常人从这里读出的,也许是甘于子女的普通,安于子女的平凡,甚或可能读出一个不称职的父亲。 但陶行知的这份坦然,也许可以带给我们更多的思考……

陪着孩子一起创造。 "我们晓得特别是中国小孩,是在苦海中成长。 我们应该把儿童苦海创造成一个儿童乐园。 这个乐园不是由成人创造出来交给小孩子,也不是要小孩子自己单身匹马去创造。 我们造一个乐园交给小孩子,也许不久就会变为苦海;单由小孩子自己去创造,也许就创造出一个苦海。 所以应该成人加入小孩子的队伍里去,陪着小孩子一起创造。"陶行知的这番话,尤其是最后一句,也许能引起今天家长们"心有戚戚"的广泛共鸣。

不过,即便在今天,"造一个乐园交给小孩子"的,依旧大有人在;"单由小孩子自己去创造"的,亦不乏其人。 这两类情况,我们暂且不去管它,因为其中的道理显而易见,虽然总有人对这些道理总是一副睥睨的神态。 在这里,我想着重指出这样一个窘迫的现状:今天的家长似乎普遍已经加入小孩子的队伍,陪着孩子一起创造,想和小孩子一道,为孩子的未来造一个乐园,结果却是,我们许多人,不仅为孩子,也为自己,创造出了一个苦海。

难道陶先生从一开始便错了不成? 又或者说,陶行知只是在夸夸其谈，进行空洞的说教？又或者，即便陶行知再世，他今日也只能落得一个"蚍蜉撼大树，可笑不自量"的结局？

笔者准备在本文结尾，就这三个问题给出自己一点不成熟的看法，此处只打算指出这样一个事实：我们今天看上去像是在陪着孩子一起创造，但实际上并未加入小孩子的队伍。恰恰相反，我们今天普遍都在拉着孩子加入成人的队伍，催促孩子同自己一起，为孩子的未来造一个自己想象的乐园。我们看上去是在践行陶行知的创造教育理念，但实质上恰恰可能是南辕北辙。

对"创造的儿童教育"的这种误读，并非限于今日。正基于此，陶行知尖锐地指出，"我们加入儿童队伍里去成为一员，不是敷衍的，不是假冒的，而是要真诚的"。一旦我们真正"加入儿童生活中"，便会"发现小孩子有力量，不但有力量，而且有创造力"，并且，我们只有"钻进小孩子队伍里，才能有这个新认识与新发现"。在陶行知看来，儿童的成长环境会"发挥或阻碍，加强或削弱，培养或摧残"儿童的创造力，因而"就须进一步把儿童的创造力解放出来"，进而"予以适当之培养"。为此，陶行知提出了著名的"五解放说"：解放小孩子的头脑、解放小孩子的双手、解放小孩子的嘴、解放小孩子的空间以及解放小孩子的时间。这"五解放说"虽然主要是针对当时的学校儿童教育，但对今天的家庭教育亦不无启发（1945年，陶行知又从解放头脑中单独析出了解放眼睛,从而构成了今天普遍谈及的"六大解放"说)。

试问,今天还有多少困扰儿童创造力的固有迷信、成见、曲解、幻想这些精神的裹头布,需要我们一片一片撕下来?

试问,我们的孩子在日常的生活教育中,究竟有多少真正的动手机会?

试问,我们的家长给了孩子多少言论自由,特别是问的自由? 有多少家长会耐心回答孩子的问题、耐心引导孩子寻找问题的答案而不会不胜其烦,最后来一句"哪有那么多为什么!"? 有多少家长被孩子问得哑口无言时不会恼羞成怒?

试问,有多少家长愿意真正解放孩子的空间,扩大孩子认识的眼界?

试问,有没有家长一看孩子闲下来就恐得慌,有没有家长把孩子的时间用辅导班填得满满的? 家里有没有没动过一笔的各种辅导练习册?

陶行知坦承,他"个人反对过分的考试制度的存在","赶考首先赶走了脸上的血色,赶走了健康,赶走了对父母之关怀,赶走了对民族人类的责任,甚至于连抗战之本身责任都赶走了。 最要不得的,还是赶考把时间赶跑了"。在这里,笔者冒昧再加一句:赶考最后不仅会赶走孩子的创造意愿和创造能力,甚至可能会赶走孩子的学习欲望乃至心理健康。 陶行知曾一针见血地指出,"中国从前有一个很不好的观念,就是……把小孩子看成小大人,以为大人能做的事，小孩也能做，刚五六岁的小孩，就要他读《大学》、《中庸》"。在这里，笔者得再加一句：我们今天大人做不到的事，不少家长却总觉得小孩可以做到。各位读者，我说的是不是事实？

"四桃"的成长之路

也许有读者会略怀不屑：你说的不是那么回事。你一无名之辈家庭教育实践究竟做得如何，我们无从得知，可我们知道，陶行知的生活教育理念任凭你说得怎样天花乱坠，他的孩子却是在苦海里中泡大的。

从某个角度看，陶行知的四个孩子在苦海中泡大，是不争的事实。陶行知幼子陶城曾深情地告诉世人，在歌颂陶行知的伟大业绩时，在敬仰他为人民大众鞠躬尽瘁死而后已的精神时，"千万别忘了三位无名英雄"——陶行知的妹妹陶文渼、母亲曹翠仂和妻子汪纯宜，"她们都是为了父亲的事业相继牺牲倒下的，她们的精神同样是伟大的、不朽的"[①]。陶城在这里没有告诉大家，陶家四个孩子为陶行知的事业做出

[①] 陶城：《我的一家——怀念我的父亲陶行知先生》，载《语文学习》，1991（10），第10页。陶宏在悼文《我和我的父亲》中所持看法，和陶城完全相同。陶宏：《我和我的父亲》，见江苏省陶行知教育思想研究会编《纪念陶行知》，长沙：湖南教育出版社，1984年，第211页。

了多大的牺牲。

1923年是陶行知人生事业的十字路口。向右，是接受北洋政府任命或是母校金陵大学邀请，担任武昌高等师范学校（武汉大学前身）校长或是金陵大学校长，以高等教育为己任；向左，是接受中华教育改进社邀请，担任改进社主任干事，全身心投入改进社工作，致力于平民教育。陶行知毫不犹豫地选择了后者。不过，直到1927年创办晓庄师范之前，陶家的生活一直都非常优渥、稳定。尤其是1925年被聘为中华教育文化基金董事会干事后，陶行知每月可领400元薪水，外加100元办公费用。按照陶行知的话说，这是他"在中产阶级登峰造极"之时。这时候，陶行知家里的几个孩子，"一起变成了少爷""添饭有人，铺床折被也有人"。陶行知担心，"慢慢享福惯了害我自己是小事，害这些小孩子是不得了的。……小时候不能动手用脚，大的时候当然一切事要别人做；小的时候做惯少爷，大的时候当然做老爷"，遂"决心把五百元一月的干事职位不要了，去当一百元一月的校长"。

1927年，晓庄师范正式创办。翌年，陶行知说服全家从北京市区熊希龄家搬到了晓庄师范所在的南京郊外老山，①在一座小山岗上搭起了茅屋，陶行知颇富诗意地将该处取名为"五柳村"。由于办学经费极其有限，学校生活很

---

① 陶行知著，华中师范学院教育科学研究所主编：《陶行知全集》（第五卷·书信），长沙：湖南教育出版社，1985年，第132页、第133页、第134页、第155页、第156页、第185页、第198页、第199页。

艰苦。"早操后食粥。我也加入,米很不好,粥却很浓。吃粥只有咸菜,吃饭则每桌三大碗菜,菜也很粗。没有座位,大家都站着围桌而食;学生、指导员、校长,以及校长的母亲都在会食。"①

在陶家,陶文渼扮演了极其重要的角色。这位新时代的女青年,不仅是陶行知的知音与战友,在陶行知做陶母曹翠仂和陶妻汪纯宜思想工作的过程中,更具有不可替代的重要作用。尤其是,按陶宏的说法,"我们几个兄弟孩提时代的教育可以说完全是由姑母负主要责任的"。陶行知本人也明确称,自己"所以能够专心为社会做事,全靠她治家得宜,免去我内顾之忧"。陶文渼素来体弱,但一到晓庄,便抱病在五柳村的家中办起了晓庄农暇妇女工学处。只是天不假年,在晓庄和陶行知并肩战斗一年多后,即于1929年6月6日病故,去世时尚不满35岁。

祸不单行。

次年4月,晓庄师范因保护学生地下党员被国民党查封,陶行知本人遭国民党政府通缉,被迫逃亡。由于军警威胁要拿陶行知家人尤其是几个儿子作人质,失去女儿帮衬的曹翠仂,只能独木强支,拖着一双年迈的小脚,领着家人逃离晓庄。

有人兴许会问,那陶行知夫人呢?陶行知家孩子究竟多

---

① 梁漱溟著,中国文化书院学术委员会编:《梁漱溟全集》(第四卷),济南:山东人民出版社,2005年,第849页。

大啦?

　　这一年,陶行知长子陶宏15岁,次子陶晓光12岁,三子陶刚11岁,幼子陶城只有5岁零4个月。陶行知夫人汪纯宜,据称由于幼年父母双亡,长期寄人篱下,故而性格内向,老实胆小。当年分娩陶城时又遇上难产,随即患上产后抑郁症,以致服食"大量安眠药,幸发现及时,保住了性命,但由此落下精神病根"。这样的人显然需要稳定的生活,否则就会产生极大的不安全感,从而加深病情。国民党查封晓庄时,汪纯宜便已如惊弓之鸟。随后由于陶行知"不知去向",各种传言也便纷至沓来,"一说他已在某地被捕,忽又说已被枪毙。汪纯宜终于不堪刺激",投水自尽,"幸被人救起,但此后病情更加严重"。

　　因此,陶母实则是陶家的家庭支柱。按陶行知的说法,"我的几个孩子可算都是她带大的,她也可算是我的几个孩子的母亲"。对家里的四个孙子,陶母慈爱有加,先是借用谐音,称陶宏为桃红,然后便有了小桃、三桃、蜜桃这些极可爱的昵称,这四个孩子便是陶母的"蟠桃"。陶行知不在家时,便是借用祖孙间、兄弟间的情感,通过写信鼓励桃红教小桃读书、小桃教陶母识字,引导孩子自立立人,教导孩子勇攀科学高峰,铺陈平民教育事业的意义和自己工作的喜悦等一系列做法,参与家庭生活,指导孩子成长,加强家庭成员彼此之间的感情。

　　1933年11月,陶母去世。由于陶宏在外求学工作(先是在南开，后又至北平，再后来到南京工作），陶行知又扑在平民教育事业上，因而照顾母亲和幼弟的责任便落在陶晓光身上（陶刚自幼体弱多病，陶行知将其托付给了好友姚文采）。正是这种经历，养成了兄弟俩对母亲的格外情深和兄弟间异乎寻常的感情。1937年11月，上海沦陷。陶行知嘱咐陶晓光，要他在上海暂时休养，等自己回去，不要"东跑西跑"；若实在要离开上海，最好把陶城留在上海托张宗麟和陈鹤琴两位友人照顾。陶晓光决意将嘱咐置诸脑后，带上13岁的幼弟，冲破日军封锁，转道南通、泰州，经武汉最后抵达桂林。据陶晓光女儿陶铮回忆，陶城后来在一篇文章中对此曾有饱含深情的表述。

> 在我的三个哥哥中，以晓光哥与我相处时间为最长。1933年慈祖母病逝后，慈母病重，是他一直照料着我，即由1933年至1939年，我由八岁到十四岁，是他承担了对我的养育与教育，他还要照料病重的母亲。是他带着我冲破日军海上封锁线，冒着日机轰炸的危险转经苏北、武汉来到了广西桂林。要不是他的保护，我将被留在上海当流浪儿，能否活到今天，很难说。因此，他不但是我的抚育神，而且也是我的保护神。我所以能为人民做点有益的事，是与他对我的爱护与教育是分不开的。①

---

① 陶铮：《陶行知与我父亲陶晓光》，载《生活教育》，2009（4），第59页。

陶行知的家庭教育实践，严格秉持生活即教育、家庭即学校的教育理念。陶母去世后，陶行知甚至直接让 15 岁的陶晓光带着病重的母亲和年幼的四弟住进了他创办的儿童科学通讯学校，过着当年在晓庄学校一样的集体生活（这样至少在理论上也方便陶行知照顾，虽然实际上陶行知很难抽出时间）。只是，这对病重的汪纯宜来说，根本无济于事。因此，著名慈善家陆伯鸿先生集资创建的上海普慈疗养院 1935 年刚刚开业，陶行知便建议陶晓光将汪纯宜送进这所专科医院接受治疗。此后，汪纯宜便一直住在这所由天主教会管理的医院，直至 1936 年春去世。可以想见，彼时的这类医院，不可能有多么科学、有效的治疗方法和治疗手段，但作为新兴事物，恐怕也不由得让陶行知和陶晓光心存幻想。不满 11 岁的陶城，起初恐怕更是充满了憧憬。汪纯宜不发病时，在陶晓光和陶城的说服下，会不会也会产生这种期待？我们不得而知。但我们知道，一旦住进这种医院，患者必然产生恐惧，会产生强烈的妄想症，觉得有人在害自己。可以想见，心智尚不成熟、并不具备识别能力的陶城，在探访时听到母亲的泣诉哀求后，必然对院方的种种做法产生怀疑，甚至会认为院方是假仁假义，乃至臆想对方在草菅人命，从而从最初的憧憬迅速转向恐惧、怨怒和诅咒。而对 18 岁的陶晓光来说，从 14 岁一路走来，收获的除了艰辛、忧愁、悲观、孤独、无助外，恐怕只剩负重前行的韧性和对学业难以精进的焦虑与不甘了。

不必讳言,陶行知的家庭教育实践确乎存在盲区,那便是对儿童心理承受能力的忽视。他的孩子,包括这里没有细谈的陶宏和陶刚,都是在他的连拖带拽下成长起来的。从他的生活教育理论出发,陶家四个孩子自晓庄学校被查封、陶行知被通缉,尤其是次子和幼子1933年之后,所过的上述紧张、压抑、无助的生活,在他们身上产生较为严重的心理创伤,也在所难免。譬如陶晓光直至1937年年底,都始终生活在孤独和悲观之中。至于陶城,其心灵上的创伤就更加严重。陶刚的情况如何,笔者尚不掌握,不敢妄言。即便是因年纪较长而可能相对较为幸运的陶宏,同父亲也多少有些隔膜。

同样必须承认的是,陶家四个孩子即便是受上述紧张、压抑、无助的教育,但最终都克服了自己的心理创伤,并且都拥有属于自己的乐园——成长为陶行知所期待的人,在各自的岗位上过着自立立人的人中人生活。尤其是,陶家身体最弱的陶刚,1942年抱病徒步从桂林走到重庆,双脚烂到可见白骨,幸得及时救治。身体还未完全恢复,陶刚便挥起锄头,开荒种地,支持陶行知过办学难关,暇时则唱歌写诗,劲头十足。陶刚之孙陶侃曾这样回忆:"我祖父陶刚身体不太好,但从来不要求特殊待遇,善良朴素,在那段艰苦的岁月,过着四处迁徙的生活,前后搬了近二十次家,也没有任何抱怨。近四十余年,默默无闻地把自己的心血精力都奉献给重庆育才学校和后来的上海市行知中学。"

陶行知的家庭教育,如果要用一个词来界定的话,可以称之为"自立立人"的"好汉教育",通过激发孩子投身大家,来化解小家生活的痛苦。且看他1937年3月23日写给陶晓光的一封信。

> 晓光:
>
> 接到你二月二十一的信,我很高兴。你的人生观太悲观,应当改正过来。世界上一切困难都要用冷静的计划去克服。忧愁伤心是双倍的牺牲,于事并无补。你们不是孤零零的孩子。在你们的周围有着几百、几千、无数的孩子,都是你们的朋友,你们的同伴,你们的服务的对象。从家庭的小世界里把自己拔出来,投入大的社会去,你不久就会乐观、高兴,觉得生活有意义。大学不必赶,依着学力的长进自然升入,否则考不上,你又要悲观起来。寄来三百元华币,收到时,专为家用,预算可敷用到何时,告诉我。……我望你们来信也如你们望我来信。现在夜深了,我还要跑半小时才能送到总局赶上顾利支的船。愿你听我的话,将胸襟扩大,生活将要自在得多。
>
> 祝你和大家平安。
>
> 爸爸
三月二十三日

通观陶行知给孩子们的书信，我们可以看到陶行知对孩子们的慈爱，但这些慈爱多以指导和感染的形式出现。这种形式对于激励兄弟四人，帮助他们走上正确的人生道路，助益良多，但在满足孩子的心理需求方面，的确存有缺憾。由于把自己的身心全部献给了中国的平民教育事业，其家庭教育实践的渠道大抵只是短促的谈话、不甚频密的通信，再就是孩子们阅读他的文章，以及助他办好育才学校过程中对其生活和事业的体验。正基于此，陶宏的这两句话，也许代表的不仅是他自己的心声："我和他之间的关系，是淡薄，但也是热烈深厚；是'非常的'淡薄，但又是'非常的'亲密。""父亲……虽然很少有机会直接教育我们，但是其影响却较之所谓一般的教育更为深刻。"

我们不歌颂苦难，不回避缺憾。笔者之所以专辟一节，来写"四桃"的成长之路，是想坦陈一个众所周知而又很容易为人们所忽视的朴素真相：世界上不存在完美无缺的家庭教育，原因很简单，即便是圣人，也做不到全能全知全智。前文曾言，所谓生活教育，其中有一条是，"以生活影响生活之教育"，具体而言即是"拿好的生活来改造坏的生活"。"四桃"的成长，走的究竟是一条以什么样的生活来影响和改造什么样的生活之路？亲爱的读者朋友，我把这个问题交给你们来回答。

如何破解今天教育内卷的困局，陶行知也许无法给我们提供现成的答案，毕竟今天我们家庭教育面临的，固然还有对成为"人上人"的渴望，但更多的是对子女沦为"人下人"的恐惧。不过，陶行知的生活教育理念和教育实践，也许还是能给我们一些启示。

陶行知的生活教育理念和教育实践，具有强烈的颠覆性创造色彩。而具有颠覆性创造色彩的事物，必然会打破原有的利益格局和思想观念，引起人们的不适。这也是为什么他不招国民党政府待见甚至人身受到威胁的原因，同时也是其教育理念迄今仍未普遍付诸实践，甚至可能为有些人蔑视、为有些人嘲弄、为有些人怀疑的原因。对于那些蔑视、嘲弄陶行知生活教育理念和教育实践的人，本文不做抗辩。笔者的文字，只献给怀疑陶先生的教育理念而又彷徨、焦虑的父母。是的，哪怕是我，对陶先生的生活教育理念，也不是信心很足，但从事物发展的倾向性角度来看：一、过焦虑的生活，便是受焦虑的教育；受焦虑的教育，得到的自然便是焦虑的结果。我们固然消除不了焦虑情绪，但还是得想法缓解自己的焦虑情绪。二、让一个人幸福快乐的核心因素，还是个人的德性，而非世俗意义上的成功。柏拉图便认为，德性能让人获得一种心灵的宁静，最有资格作为幸福快乐的标准。在亚里士多德看来，世界上有三种类别的善（善即好）：身体诸善、外物诸善和灵魂诸善。若可以身兼三善，便是最优良的生活。只是，前两类善固然与人的努力有关，但往往带有更多的不确定性。这种不确定性，有人称之为运气或是运道。人不是不要努力，用马基雅弗利的话说，只有努力,才有把握命运的可能。但卯着劲一定要在不确定性当中拼出个世俗意义上的成功,只会拼出人的焦躁、不安与不甘。三、把"自立立人""人中人"作为培养子女的目标,子女的未来发展,即便从世俗意义上讲,最后都不会很差。四、欲速则不达。在"子女教学做"的问题上,作为成人的我们,首先得把自己做成小孩子,对孩子的身心成长规律至少做到心中大致有数,能基本遵循孩子的成长规律,只有这样,才能称得上陪着孩子一起创造,而不是拉扯着孩子拔苗助长。

第二章

章绳以 ▶ 娜拉出走该这么办

    就在曹翠仂生下陶行知的前一年,在江阴一户章姓塾师家庭,女主人缪氏诞下一女。由于膝下仅此一女,塾师永平先生遂将孩子取名为"绳系",后改名为"绳以"。

    出生在这样一个知识家庭,又是家中独女,章绳以的童年自然和当时中国绝大多数女童颇不相同,除跟随母亲学做女红外,读书识字也成为其童年生活中不可或缺的一部分。晚清之际,西学渐兴,江阴又得风气之先,因此,章绳以不仅可以阅读超出一般女性阅读范围的中国传统书籍,还接触到了一般女性难以接触的西学读物。生活在这样的家庭,不仅慢慢养成了章绳以独立、刚强、自信、自强的性格,养成了她的家国情怀,更养成了她在妇女解放问题上"不偏不倚,无过不及"的态度,养出了她的女子教育事业,养出了她的家事学(家政学)理念。

妇女解放，始于足下

1904年，东渡日本的近代著名教育家侯鸿鉴学成归国，受聘于无锡第一所新式学堂竢实学堂，随即于次年正月倾尽资财，仿效日本妇女教育，创办竞志女学，并定下了"力行不怠、律己惟严、屏绝纷华、涤荡旧染"的"勤肃朴洁"四字校训。① 竞志女学甫一创办，章绳以即于同年在父母的支持下，前往无锡求学，并积极参加学校组织的"天足会"，宣传妇女解放。

妇女解放，始于足下。不裹小脚，是中国妇女解放运动迈出的第一步；跨出家庭、步入社会，则是妇女解放运动迈出的第二步。就此而言，看似有几分谐谑的八个字"妇女解放，始于足下"，实则既是对中国妇女解放运动起点的生动写照，也是对中国妇女解放运动历程的准确描述。

对日后以投身女子教育为枢机推动中国妇女解放运动的章绳以来说，情况也是如此。

章绳以的原生家庭虽然相对开明，但也同当时许多家庭一样，在章绳以及笄之年，便为她选择了一门婚姻，期冀她将来嫁入豪门，过上无忧无虑的生活。只是章绳以在家庭教育的熏陶下，已经逐渐养成了独立、刚强的性格，决意求学，故而

---

① 侯鸿鉴：《无锡私立竞志女学校概略》，载《中华教育界》，1914年1月号，第9页。

极力反对，设法拖延。面对独女的决绝，相对开明的父母，选择了妥协。章绳以遂得以先在竞志女学求学，继而于1908年回到江阴，在辅延女子补习学校上学，随后又于1909年考入京师女子师范学堂。

1912年8月，章绳以应著名爱国侨领陈嘉庚之聘，远渡重洋，在荷属爪哇巴达维亚（今印尼首府雅加达）一所华侨学校（彼时一般称中华学校）执教。一别便是五年。至1917秋，只是由于"久客海外，家中双亲年迈，催余归省甚切"，章绳以才"买棹北归"，出任南通女子师范学校学监。次年，章绳以将自己对爪哇的观察，尤其是对华人特别是华人女子教育问题的观察，缕析成文，以《南洋爪哇风土见闻志》为题，分三期刊登在《中国与南洋》杂志上。

在巴达维亚期间，章绳以克服语言不通（"形同木偶，苦不堪言"）等诸多障碍，"终日孜孜"研究教法，"谋所以进益诸生，及推广女学，鼓舞爱国之精神"。其一生引以为豪的女子教育事业就是从这里起步的。

由于经费、师资等方面的困难，巴达维亚的华侨学校大半实行男女同校，"女子专校绝无仅有"。男女同校，"未始不能得两性调和之益"，但当时华侨家庭同中国本土家庭一样，"风气闭塞"，"女生家长，别嫌明微"，因而女童一般到14岁左右，即退学回家。有鉴于此，章绳以遂于1916年9月同"侨界中明达而热心女子教育者……商办女子专校"。在各界华侨的齐心协力下，巴达维亚中华女学遂告诞生。开校之日，学生仅

18人。一月之间,即增至40余人。到1917年1月新学期开学,增至50余人。是年7月,更是骤增至120人。巴达维亚中华女学的崛起,在荷属爪哇起到了良好的示范效应,一时间大家纷纷效仿,"女学遂昌"。

章绳以归国后,由于接掌巴达维亚中华女学的新任校长"人地生疏、言语隔阂、兼以时病",学校工作走向停顿,学生流失严重,最后仅剩荷文教员1人,小学生20余人。在校董函电频促之下,章绳以只得恳请父母允许她再渡重洋,并允诺"一年必归"。1919年2月,临危受命的章绳以二下爪哇,一番努力之后,学校气象再新。至1920年1月新学期开学,学生人数已达100开外,学生在校"刺绣作品远近定购者甚多",学校毕业生广受认可,"外埠托聘女教员者月必数次"。

时光荏苒,转瞬间一年已过。逾期未归的章绳以在年老多病的父母频频电促下,于4月下旬束装北上,学校又落入无人主持校务的境地。几经周折后,在黄炎培先生的帮助下,章绳以终于找到合适的接替人选——自己在南通女子师范学校的两位即将毕业的学生。[①]

归国之后的章绳以,先是受聘于陈嘉庚先生1921年2月增办的集美学校女子师范部。次年又应黄炎培之邀,协助创办暨南学校女子部,并担任女子部主任。为推进华侨女子教

---

① 章绳以:《南洋爪哇巴城中华女学校沿革述略》,载《中国与南洋》,1922(7),第15—17页。

育事业,章绳以呕心沥血。试读其《本校女子部教育之旨趣》《敬告华侨女学生文》《南侨女生性情的优点》《论说:吾人对于华侨女子教育之责任》《论说:我对于南侨女生之怀疑及劝告》《南侨女学生应有之觉悟及责任》《注重家事教育要有具体办法》《南洋华侨女子教育之研究》等文,其言辞之恳切,跃然纸上。

然而,华侨女子教育,堪比蜀道。就南侨女学而言,"向学精神"已"不若从前之踊跃",进步迟滞,而专为侨界女生设立的暨南学校女子部,"女生负笈来归者,廖若星辰"①。无奈之下,章绳以只好转战针对国内学生的女学,出任苏州女子中学事务主任。

1928年11月,宋庆龄、宋美龄、何香凝、蔡元培等筹备创办国民革命军遗族学校,为第一次国内革命战争期间的烈士子女提供教育,由宋庆龄担任校长。章绳以受邀担任校务主任,主持日常工作。1931年1月,学校分设遗族女校,章绳以改任女校校务主任,随后于同年7月因故辞职离校。

1933年,章绳以回归职场,出掌苏州女子师范学校。两年后被江苏省立教育学院延聘为劳作师资科主任。1937年日本发动全面侵华战争,学校被迫迁往桂林,随后暂停办学。此间,章绳以分别在北京国立女子师范大学、广西大学和贵州大学执教。抗战胜利后,江苏省立教育学院复校,章绳以重返该校。

---

① 章绳以:《论说:我对于侨南女生之怀疑及劝告》,载《暨南周刊》,1926(18),第4页。

家齐而后国治

"妇女解放,始于足下"八字,在章绳以这里,并不止于她为中国女子教育事业闯北荡南,奔东走西,更体现在她坚持女子教育需要脚踏实地,在齐家中治国的信念。这种信念的具体体现,就是她一生致力于家事教育的理论与实践探索。

中国向有男主外、女主内的传统,操持家庭事务,被归为女子天职。而在传统认知中,家庭事务又属于卑屑琐务,既无足轻重,又易如反掌,人皆能为,无须什么学识。因此,男外女内的分工,往往意味着女性的工作以及由之而来的女性群体难以获得足够的价值认可,意味着男尊女卑的社会评价体系的天然正当性。从这个角度出发,要实现妇女解放,争取男女平等,当时形成了两个思路:一是打破男外女内的分工模式,二是改变对家庭事务的传统认知。然而,就当时普遍的社会心理而言,要打破传统做法,尤其是改变传统认知,谈何容易。即便时至今日,男外女内的分工模式早已打破,家庭事务无足轻重、易若拾芥的传统观念依旧根深蒂固。因此,在现实生活中,对妇女解放、男女平等的追求,往往仍然缠着厚厚的"裹头布",追求自身解放的女性,其思想意识中的追问,普遍不是凭什么男主外女主内,而是凭什么只能男主外而不能女主外。这种追问以及在这种追问下的实践,固然可以纳入妇女解放运动的范畴,但其本质,并不在追求男女平等,而只是在追求"活得像个男人"——当然,即便是这种追求,也绝不能否定它在妇女解放史上的拓辟之功。

由于传统观念根深蒂固,致力于自身解放和男女平等的妇女,既无法从她们所以为"无足重轻而又简单、琐碎"的家庭事务中获得价值认可和价值满足,更会认为这些卑屑琐务"足以妨碍女子个性及能力的发展",蔑视家庭事务、鄙弃家庭服务,遂在接受新学的一般新式女性那里,成为一股风潮。另一方面,无论是从惯常的教育观念出发,还是从惯常的妇女解放观念出发,中国的女子教育往往专事一般知识的学习,"大半注意于达者大者方面去研求探讨",无暇也无意从事家事方面的特殊教育与训练。这两种因素的叠加,导致当时在女子教育问题上产生巨大的争议,有人便认为,女子教育"陈义过高,一切不适实际,其结果女子在社会上很少有服务机会,在家庭生活中又没有相当管理技能,弄得所学非用,所用非学"。"女子已经从家庭里解放了出来,……并且连家庭也回不进去。"[1]其结果,甚至对女子教育产生反噬,"致父兄视遣送女子入校为畏途"[2]。

的确,如果仅将家事视为无需专门技能的柴米油盐,在这

---

[1] 章绳以:《家事学概论》,重庆:中国文化服务社,1946年,第26页、第6页。
[2] 章绳以:《我对于女子家事科教授之商榷》,载《教育与职业》,1921(32),第1页。

种观念指导下的家事,也必然止于无专门技能的柴米油盐。家事一旦仅止于此,遭到蔑视和鄙弃也便在所难免,而所谓家事教育,则更属多此一举。正基于此,章绳以不无忧虑地捕捉到如下画面。

> 吾国妇女对于家事学的心理,可以分为三部分:(一)为农工妇女,他们……视家事教育,为无足轻重。(二)为维新解放妇女,颇多仿效欧西皮毛,仿效男子的行动,按着两性平等的原则,男子不习惯家事,又何能强制女子来执行,且视家事为轻而易举,不屑学习之科目。(三)中等社会妇女既不能彻底守旧,又不能彻底从新,他们对于家事学的学习,认为是多此一举的事情。[1]

在章绳以看来,仅将家事看作无需专门技能的柴米油盐的人士,"实不知"家事"究为何物",不知家事"对于人生究有何关系"。这类人"皆以箪食豆羹为贱役,奶瓶尿布为琐细,……不知箪食豆羹之微,影响于全家健康,奶瓶尿布之细,包括整个的儿童生活。此种轻视家事的观念,倘不予纠正,实为民族前途莫大的隐忧"[2]。就此,章绳以将家事上升到了人生、家庭和国家民族的高度,从而也因之上升到了妇女解放和

---

[1] 章绳以:《家事学概论》,重庆:中国文化服务社,1946年,第28页。
[2] 章绳以:《家事学概论》,重庆:中国文化服务社,1946年,第32页。

男女平等的高度。

然则,家事真的配得起有这样的高度吗?这取决于人们对人生的期待。这种期待决定了家事的范围和质量,决定了家事"究为何物"的定义。对人生的期待低,则家事的范围小、质量差,家事之于人生、家庭和国家民族的意义便不足道,其对于妇女解放和男女平等的价值,便等同于裹脚布;反之,对人生的期待愈高,则家事的范围越大、质量越高,家事之于人生、家庭和国家民族的意义便越发重要,其对于妇女解放和男女平等的价值,便等同于助推器。

当然,家事要配得上这么高的期待,必须具备两个基本前提:其一,只有真正明了家事之于人生、家庭和国家民族的意义,家事才能对人生、家庭和国家民族富有更大的、更自觉的意义;其二,只有提高家事的技术含量,培养处理家事的技能,科学治家,才能满足不断提高家庭生活质量的需要,从而让家事发挥重大的作用。这便是家事处理的技能要由分散的、简单的经验传递走向集中的、专业化的知识传递的基本逻辑,也即章绳以提倡家事学,要求在学校教育中纳入家事教育的要义所在。

章绳以坚定地认为,彼时中国国势衰颓至极的"最大原因",不在经济不振,不在科学落后,而在"人民对于国家之观念、对于道德之观念、对于为人之观念,均属错误"。比如,中国青年的观念便"每每舛误,如以利己为胜利,以浪漫为愉快,以小慧为智巧,以瘦弱为秀美"。面对日寇的步步紧逼和国民的麻木不仁，章绳以更是慨当以慷。

> 夫人之大患，莫大于心死。我国人之心死者，何其多耶？……当如何设法抗敌，如何设法雪耻图强，人人共赴国难而有同仇敌忾之精神？试观阿比西尼亚之民族精神，至死不屈，全国上下一致抵抗强敌，虽败犹荣。较之吾国，实觉相形见绌也。吾人果欲求生存乎？先要培养人民对国家之观念，此种观念最好自小成之。……吾故曰家事教育，决不是柴米油盐之事，实负有保养国民、教育国民，谋复兴民族之重大使命，其关系之重大，胜过社会上之一切事业。……所谓家事教育者，为教育之基础，所谓家庭者，为社会国家民族之单位，倘不从根本着手，其道无由。……试观东西各强国，莫不有良好家庭做基础，而后有良好之社会国家，家庭中莫不有理明事达擅于教育之贤母，而后有忠勇健全之好国民，是其明证也。未有根本不良善而有繁茂之枝叶者，未有基础不良善而有良好之建设者，此乃理所必至，势所宜然，愿我国教育当局，其猛省之。
>
> 我国人之勇于内战，怯于抗敌，即是见解狭窄，自私自利心重，不能放大眼光，从大处着想，见强即惧，见善即欺，以致民族精神消沉，国家地位低落。推究根源，幼时家庭教育不良善也。试观希腊亚典（原文如此）二国，一尚

> 文,一尚武,一旦战争开始,他们送子弟参战,临别赠言曰,愿你凯旋,否则愿你之尸骨而归。……较之我国人民,节节让步,事事软化,诚心降服而不以为耻者,相处何啻霄壤?母教之与民族精神为何如?余故曰提倡家事教育,民族可以复兴,当非虚语。古语曰齐家而后国治,国治而后天下平,我国因为家不治,故国亦不治,今要谋救亡图存计,非先治家不可。①

在《家事学概论》一书中,章绳以锥心地痛问:"我国人民对于道德及为人之观念,口头上仍以出于素重礼教之吾国以自诩,但求能不欺诈、不说谎言者有几何人?"

在章绳以看来,"'国家之治乱系于社会之隆污,社会之隆污系于人心之振靡',但是一个人正心修身的工作,又赖乎家庭教育"。家庭是儿童教育的最早场所,"良好行为习惯之获得及发展,均以家庭教育为基础"。进一步说,教育要"从先天起","胎儿时期及幼儿时期,最有效的教育场所是家庭"。即便是"'学龄时期至青年时期之择业、择偶及继续性合理化的生活教育等',均有赖于家庭环境及父母之思想行动的潜移默化。其力量,比任何学校教育或普通社会教育为强"。具体而言有以下几个方面。

---

① 章绳以:《提倡家事教育与民族复兴》,载《教育与职业》,1936(179),第709—710页。

家庭是个人培养体魄的场所。"凡孕妇之生活状况及心境之愉快,身体之健康,于胎儿之健康,有相当之影响,故欲希望将来婴儿身体之健强,并富有抵抗力,则孕妇于妊娠期间,对于营养起居及心境之修养皆宜注意,不可忽视。"婴儿出生后的饮食学步、清洁卫生、以及疾病预防等,均关涉到其身心的发育。儿童身体强壮,"魄力亦大,智力亦强,将来必定为健全的国民"[①]。

家庭是个人修德的场所。"个人一切的行为、道德与应付环境的习惯,均由父母积渐教导而成。""中国为礼教古国,四维八德,大半要在家庭中养成。""凡有乖于人道性格与习惯,如残忍行为、利己说谎、偷窃骄傲等恶习惯,均须从幼时戒除之。幼时若不注意,将来必致行动越轨。及长不改,则作奸犯科之事难免,社会因之受其扰乱矣。"[②]

家庭是个人培养社会性的场所。"家庭中的礼仪风俗习惯、家规家法均含有社会性。如儿童在家庭中衣服整齐,态度和顺,意志坚定,言语中肯,举动大方,而有应对进退之节",养成"合作、互助、服从、谦让、和平、合群与人共同生活的道德,为人服务的精神,牺牲的性格,尊敬各人的权利"等习惯,则其"将来服务社会,绝无格格不相合的困难,……将来可以到社

---

① 章绳以:《提倡家事教育与民族复兴》,载《教育与职业》,1936(179),第708页。
② 章绳以:《提倡家事教育与民族复兴》,载《教育与职业》,1936(179),第708页。

会上做一个良好的公民。"

家庭是个人发展的策源地。"儿童……幼时需赖父母教养以致于成人。青年时期,父母为之选学校,择师傅,……鼓励其勤奋学业,获得丰富的知识、专门的技能、高尚的人格、健全的身体;指示其将来做人立业的途径,以为从事职业的准备。""毕业后服务社会,能博得社会上的信用,个人事业的成功,咸在家庭中得之。"因此,"个人在家庭中除了得到生活满足外,还得到家庭许多的帮助,许多的鼓励,让人逐步上进。小之如显亲扬名,大之如建功立业,复兴国家民族"。

从儿童成长的角度看,毋庸置疑,"今日之儿童,即将来社会的主人翁。儿童能成良好的主人翁,全赖父母的良好教育"。由此甚至可以进一步得出结论,"民族的繁衍,以及民族的优劣,全赖乎家庭的生养抚育的得当与否"。生养抚育儿童,显然属于父母的天职,是家事中的要务。同样不言自明的是,父母要给予孩子良好的生养抚育,本身必须具备良好的智识和道德,包括对怎样生养抚育儿童的认知和技能。这些固然可以得自于家庭或者社会上个体的、零散的、简单的、将就凑合的经验传递,但这样的经验传递,其效果究竟如何,可想而知。显然,直接来自育儿专家的传授,无疑更有效、更可靠、更科学。正基于此,章绳以鲜明地指出:"健强的家庭教育基础,是在乎父母本身先有基本的生活的家事教育。"[①]

---

① 章绳以:《婚制之研究》,载《方舟》,1935(11),第37页。

家庭教育是家事的核心,但并非是家事的唯一内容。按章绳以的说法,"举凡家庭经济之支配,衣食住之研究,儿童之保育,家庭卫生之设施,看护病人之常识,工佣之使用,庭园之种植,家畜之饲养,以及家庭布置交涉酬应等,均非受有相当训练者,不克处置裕如也"。更进一步,家庭成员间如何相处,如何确定家庭组织,如何指导子女婚姻,乃至成年男女该如何选择配偶、怎样对待父母的意见,也属于家事范畴,同样需要具备足够的学识。就此而言,"家事学是基本的生活教育。……生活离开了教育,生活是蛮生的、妄动的、无意义的、枯燥的、落伍的"。所有这些,不独关系到儿童的健康成长,本身亦对个人、对家庭、对社会具有十分重要的影响。譬如,"就个人而言,家庭的组织适宜,就可以宜尔室家,乐且无穷。倘若家庭组织不良善,必定是作茧自缚,苦闷丛生"。在这种情况下,家庭也便谈不上健全。"有健全的家庭,始能产生健全的国家。""家既不治,遑言治国?"①

育儿先修己身

在家事诸项中,家庭教育占据着举足轻重的地位,它关乎

---

① 章绳以:《家事学概论》,重庆:中国文化服务社,1946年,第30页、第9页;章绳以《注重家事教育要有具体办法》,载《中华教育界》,1926(7),第1页。

"个人一生之成败,社会之良窳,国家之强弱,民族之盛衰"①。基于此,章绳以在家庭教育领域倾注了大量心血。时至今日,她和同辈的儿童教育学家(如中国幼教之父陈鹤琴等)的探索成果,有的已经被为人父母者普遍化为行动,有的依旧具有醒世价值。由于篇幅限制,本文仅对章绳以的家庭教育理论略作管窥,不准备展开全面系统的考察。

大多数父母对子女的教育,"完全依据传统习惯与个人成见","能深切明了教养儿童方法者,实寥寥无几"。一般的家庭教育,纯粹"以教者为中心",主观倾向太重,"凡父母以为对的事,有益之事,即令儿童学习",教育的目标,一般都是抽象而枯燥的道德规训,至于教育的方式方法,不是命令,就是禁止,呆板至极。此外,父母对孩子往往要么迁怒,要么溺爱,时而恐吓,时而哄骗,或流于放任,或流于怀疑。这是章绳以对自己所处时代中国家庭教育状况的基本判断。

所谓"盲者不能教人以色,聋者不能教人以声"②,基于上述诊断,章绳以明确提出,"为父母者欲施行良好的家庭教育,必须自身先有适当之学习与修养,取得教育子女的必备知识、技能、态度"。概而言之,作为良好的家庭教育的前提,为父母者需要从四个方面完成自身教育:一是抛弃宗法传统观念,树立现代家庭成员观;二是养成良好的行为习惯,戒绝一切恶

---

① 章绳以:《教儿法(续)》,载《方舟》,1937(38),第17页。
② 章绳以:《家庭教育之研究》,载《教育杂志》,1936(12),第12页、第15页。

习;三是学习儿童教育必需知识,科学育儿;四是正确控制自身态度,爱而不溺,教子以方。

章绳以深切地感受到,传统的宗法观念,如"夫权与父权、重男轻女、视子女为私产等",对个人、家庭和国家民族的发展,构成了极其严重的障碍。为父母者首当其冲的要务,是把自己从这些精神"裹头布"中解放出来,"在家庭中排除一切威权制、不平等制,而实行合理的民主制度"。章绳以尤其强调,子女不是父母的私有物,"儿童亦有他自己的人格,……他的地位是自动的,不是被动的"。"父母对于子女之观念,要从大处远处着想,不可存自私自利之心",以免阻碍子女身心健康发展,贻误子女个人前途。在此基础上,章绳以进一步强调,为父母者必须"使儿童深切了解,求学力行,乃准备献身社会,为群众谋福利,为民族争光荣,非只为一人一家谋生"[①]。

家庭教育"入手之第一着","是要明白儿童心理",因势利导。

儿童心理的特质,举其要者:一为性喜模仿。有样学样是儿童的天性,故为父母者须注意自己言行举止,"以身作则,事事谨慎,处处当心",为孩子树立好的榜样而非坏的榜样;并在条件许可的情况下,尽量给孩子选择良好的成长环境,学孟母择邻而居,帮助孩子学好戒学坏。二为天性好动。"多动身体

---

① 章绳以:《家庭教育之研究》,载《教育杂志》,1936(12),第14页。

容易健康，心境常常快乐，智识容易增进，思想容易开发。"因此，好动是好事，是"进步之原动力"，"为父母者切不可阻抑"，而应该"利用其好动心理"，"教以待人接物之事情，或指导其有益之运动"，注意指导其"入于正轨之动"。三为天性好奇。儿童好问好看，是其好奇天性的体现。"柏拉图说，'好奇者智识之门'，儿童若不好奇"，便不会去接触事物，"就不能明了事物之性质和状态"。因此，当"儿童好问之时"，应"悉心静气指导他"去获得答案，决不可"觉得烦厌而予以责斥"。四为天生合群。儿童"喜欢与群儿游戏"，"为父母者最好利用其合群心理，选择良好之友伴，或驯良之动物，以慰他寂寞，并生长善心"。五为性喜好胜。儿童天生好胜，喜欢听好话，"喜欢人家称赞他"。为父母者，应充分利用儿童的这种心理，"时常鼓励他做好的事情，养成其良好之习惯性格"。六为喜欢成功。儿童做事喜欢成功，因此，"给儿童做之事不可以太难使其灰心，以致下次不愿再做，阻碍其进步"；另一方面，"成人绝不可帮助儿童太多，致使儿童因失去由完成工作而得之愉快"。父母的任务，只在于"养成儿童做事兴味及自信力"[①]。

教者多术，但须以"择其有利而无弊者为是"。

最适宜的教育方法不外五端：一要诱导，"用浅易之言语来解释一切"，让"儿童明白事理"，用各种"引导之方法"来引导儿童，"来引起儿童兴趣"，"所谓夫子循循然诱也，此种方

---

① 章绳以：《教儿法》，载《方舟》，1937（37），第19—20页；《家庭教育之研究》，载《教育杂志》，1936（12），第14页。

法,人最乐意接受"。二要鼓励,"用积极之言语来鼓动儿童,勉励其一切善良之行为,利用儿童之本能来鼓励其发展",积极的鼓励必然会让儿童"兴致勃勃,自然高兴做好事"。三要学会暗示与提示,"用语言形容,或用举动暗示,或用实物提示,使儿童自觉而自动改善"。"儿童智识虽未十分发达,然其触机非常之快",这种方法收效显著。四要以身作则,"躬自实践",从而让儿童通过效仿父母的行为模范养成良好习惯,"万不可叫儿童不做某种事而自己却去做"。五要训诲,儿童确有过错,父母应当予以纠正,或令其自己悔过、改过,"以后不致再犯",此种方法,"在家庭教育中不可或缺"[①]。

赏罚未尝不可用,但不宜常用,更不可乱用。

赏罚须慎用,奖赏过频或用之失当,"往往变为一种贿赂",致使儿童行事以奖赏为目的,"以为良好的行为应当有报酬";责罚过多或失当,"则易引起儿童怨恨、反抗之心理,养成消极不合作态度"。以责罚为例,切忌时常打骂儿童、随便打骂儿童,尤其忌讳迁怒儿童,不要当外人面责罚儿童;儿童犯有大错,该罚当罚,"不可怜惜","但在处罚之前,应当平心静气,考查他的究竟有无过失","父母责罚之意思,不是爱惜物件",而只是"要改正他的行为";最妥善的责罚方式,"应为行为之自然结果,而不显其为成人所造成",譬如"儿童在墙壁上画图,最自然的惩罚,为使之用砂纸或布擦拭干净,同时告诉

---

① 章绳以:《教儿法》,载《方舟》,1937(37),第20页;《家庭教育之研究》,载《教育杂志》,1936(12),第14页。

儿童应画在石板上或纸上"①。

有些做法有百害而无一利,须"绝对禁止",否则贻害无穷。

具体而言,在处理和儿童之间的关系时,父母须做到"四戒"。一戒命令与体罚。在日常家庭教育中,父母普遍喜欢用"要""应当"或是"不可""不要""切勿"等方式命令儿童,更有儿童"因不从命令,而被处体罚"。"然而不喜欢受人命令,乃是人的常情",命令"使儿童之情意不得活动,妨害本能之发挥",至于体罚,则"最足以伤害儿童之羞耻,影响儿童之发育"。"儿童若不知耻,将来无事不为,无恶不作",不亦悲乎。二戒恐吓与哄骗。恐吓与哄骗会将儿童"勇敢有为之朝气,斫丧殆尽",导致儿童意志柔弱,"胆小如鼠、疑神疑鬼","理智混乱、是非不辨","将来一事无成,贻误一世"。三戒迁怒与溺爱。日常生活中,"有许多父母自己遇不如意之事,往往迁怒于子女","子女遭无辜之气恼,不白之冤枉,以致陷于灰心丧志,或因此而转入歧途",这些并非个例。所谓"筷头上出忤逆",养成孩子"只顾自己不顾别人、侮辱别人、毫无礼貌"的习惯,让孩子"成为家庭之废物、社会之败类","每每就是由于其父母只知溺爱不知教育",对孩子"事事庇护,处处隐瞒"所致。四戒放任与怀疑。"儿童时期,意志不强,理智薄弱","无辨别是非之能力",故"须有人加以合宜的指导。否则与盲人瞎马

---

① 章绳以:《教儿法》,载《方舟》,1937(37),第20—21页;《教儿法(续)》,载《方舟》,1937(38),第16—17页。

相似,无正轨可寻"。"如一味放任,不加指导,不加督促,则易入歧途"。与放任相反,有许多父母对子女过于严格,对子女动辄怀疑,由此导致的结果,一则双方"意见相左,情感破裂",二则造成孩子"事事欺骗",天真个性丧失殆尽。家庭成员之间,"贵在开诚相见"[①]。

家庭教育应以培养儿童基本习惯为主要工作。

教育的目标,在于养成个体充分的智识、高尚的德性、强健的体魄、端正的言行、良好的习惯,这其中"端正的言行"是前三者的外化,"良好的习惯"则是前四项的内在基础,而不良习气则必然挖掉这四项的根基。教育是这样,作为教育的最重要的组成部分家庭教育更是如此。在《家事学概论》一书中,章绳以细数了儿童应养成的卫生、清洁、快乐、自制、勤勉、敏捷、精细、诚实、仁爱、礼貌、服从、负责、勇敢、沉着、守规律、尊重公益、节俭、劳动、爱国爱群、奉公守法二十种良好习惯和肮脏、懒惰、好吃、偷窃、说谎、争吵、打骂七种需要破除的不良习惯。章绳以早就捕捉到,个人在应付复杂的社会生活时,良好的习惯可以帮助人们省时、省力、减少错误,"举凡饮食起居以及道德品行"这些基础习惯,均为"应付复杂生活之基础","因整个之教育活动,即在造成人生适应环境之优良习惯"。习惯的培养,"绝非一朝一夕之功",需要持之以恒,想必这是众所周知的事实,章绳以则进一步从儿童的成长发育规律出

---

① 章绳以:《教儿法(续)》,载《方舟》,1937(38),第17页;《家庭教育之研究》,载《教育杂志》,1936(12),第15页。

发，明确提出，良好习惯的培养，重在反复练习，"儿童学习极慢，且易遗忘，对于养成之习惯，非有多次之练习经验不可"；不良习惯的杜绝，重在"以善代恶"，为儿童找到令其兴味浓厚的有益活动，而非粗暴的消极禁止。

在《家事学概论》一书中，章绳以将家庭教育划分为广义和狭义两种，并明确指出，"现在所谓家庭教育，应为广义的家庭教育"，即"家庭对于子女，一切直接或间接有意或无意种种精神上、身体上之教育"。不过，在该书中，她依然将重点放在狭义的家庭教育上，指其为"子女入学以前时期之教育"，"应由家庭负责"。同之前的看法一脉相承。章绳以认为，狭义的家庭教育，三岁之前重点在儿童保育，三岁之后重点在儿童教育。因此，继第十二章以"家庭教育"为题详述儿童教育之后，章绳以又花了整整一章讨论婴儿保育问题。此外，在父母如何对待孩子的名誉心、英雄崇拜心、权力欲和好斗本能的问题上，在父母如何对待孩子的两性关系问题以及孩子的择业问题等方面上，章绳以均不乏真知灼见。为免文章拖沓，此处皆略去不论。

教子之道，贵乎有方。何以有方？先修己身。何以修身？踏进校门。以章绳以等为代表的一批家事教育倡导者，把教育子女必备的观念、知识、技能、态度纳入学校的家事教育之中，用更有效、更可靠、更科学、更专业的集中传授，代替零散的、简单的、基于个体经验的传授，对推动中国家庭教育的发展，厥功至伟。

娜拉的蜀道

视家庭的盛衰为"国家兴亡之枢轴,民族复兴之关键",把家庭定位为"伦理化、科学化、艺术化、经济化、教育化的生活园地",章绳以的家事观,直接把齐家上升到治国的高度,强调服务家庭的贡献及所需的知识技能,与服务社会不分轩轾。这在传统的男主外、女主内的分工模式依旧稳若磐石的情况下,对打破男尊女卑的社会评价、争取妇女解放和男女平等,无疑具有重大价值。

有人或许会提出疑问,把家事提到这样的高度,是否会有导致捧杀妇女的危险。的确,彼时即有人提出异议,人为赋予家事如此重大的意义,并由此要求女子教育重视家事教育,无疑减少了女性学习基础科学的时间,剥夺了女性接受和男性同样的教育的机会,束缚了女性智识和才能的发展;这样的女子教育唱着伪善的高调,打着高尚的旗帜,干的却是堵死妇女进入社会、诱导女性回归家庭的勾当,最终的结果只能是固化男女之间的不平等。

这些异议并非没有道理。但家事教育提倡者认为,女性固然应该享有和男性均等的教育机会,但强迫女性接受为男性量身定做的教育内容,何尝不是假冒的妇女解放和男女平等。相反,给予女性符合自身天赋的差异化教育,才是真正的妇女解放和男女平等。况且,正如前文所言,女子教育中倘若不掺入家事教育,在传统的男性中心社会中,绝大多数女子便失去了接受一般教育的机会。因此,章绳以坚决主张,既要"培养大众女子的治家能力,同时也要培养女子社会服务的能力","注重家事学的用意,并不是说仅仅使女子做一个三从四德的贤妻良母,也不是使维新女子回到家庭去实行希特勒的3K主义"。在章绳以看来,女子耗费光阴,散尽千金,"吃尽千辛万苦,无非希望学成之后能在社会上做一番事业",女性只有获得男女均等的职业机会,在服务社会的过程中获得经济上的独立,"然后才谈得到真平等",而且要"维持民族的生存,需每一个国民都有职业",只有"人人都能自给自养,方足以挽救今日国民经济的危机"。基于此,章绳以曾于1937年撰文希望,一则"我妇女本身彻底觉悟,力求知识的充实,能力的增加,人人能自立。除职业而外,并为国家民族尽最大的努力,如此国力自增,民气自壮,民族复兴可立而待"。二则"政府当局能体念妇女服务的痛苦,从速提倡儿童公育机关以及公共食堂等设备",如此"妇女都能从事职业,直接增加国民经济,间接充裕国家财政。增加经济力量,也就是增加国家力量,国力一强,敌气自馁,便可挽救国家的厄运"[①]。

　　章绳以早就认识到,无论把家庭治理得怎样井井有条,妇女也只能改善自己在家庭中的地位,而不可能根本改变自己在

---

① 章绳以:《从理论及实际两方面讨论已婚妇女从事职业的问题》,载《现世界》,1937(10),第549页。

社会上的地位;无论服务家庭在现实中对国家、民族,乃至对人类社会多么重要,无论在理论上把这种重要性讲解得如何透彻,妇女也不可能凭此根本改变男女不平等的社会现状,求得自身的独立与自由。因此,早在1926年,章绳以就呼吁妇女要有两大觉悟,一是"求通达之学识","学识为立身之根本,为自立之基础,为享自由幸福之捷径";二是"谋经济之独立","女子生活不自由,……推其所以至此,实经济不能独立"[①]。正是在这种信念的基础上,章绳以同样把妇女从事职业工作摆了了事关国家兴亡和民族复兴的高度,强调妇女在肩负"改良家庭之责任"的同时,也负有"改造社会之责任",并在前述1937年的文章中迫切建议政府从速大力发展托儿所、幼儿园和公共食堂等社会机构,缓解妇女的家事负担,解决妇女的后顾之忧。[②]

求通达之学识、谋经济之独立,家庭服务与社会服务并举,改良家庭与改造社会并行,这便是章绳以为娜拉指出的道路,也是章绳以这位娜拉自己踏出的道路,更是章绳以力图帮助娜拉走上的道路。只是,这条道路注定是一条需要不断掘进的漫漫蜀道。惟其如此,这条蜀道也必然充满争议;也正因如此,在章绳以的鼓呼中,不乏穿凿附会、牵强夸张,也不乏俗套武断、偏差错误,至于言辞之激烈、心情之急切,更是泄之笔

[①] 章绳以:《南侨女学生应有之觉悟及责任》,载《妇女杂志(上海)》,1926(11),第2—3页。
[②] 章绳以:《南侨女学生应有之觉悟及责任》,载《妇女杂志(上海)》,1926(11),第3—4页;章绳以:《从理论及实际两方面讨论已婚妇女从事职业的问题》,载《现世界》,1937(10),第549页。

端,整个一幅左支右绌、顾此失彼的场景。

然而,也正是在这种左支右绌、顾此失彼的鼓呼中,越来越多的娜拉走进了学校,在学习基础知识的同时,学会了专业的烹饪、专业的缝纫、专业的园艺、专业的病人看护、专业的婴儿保育、专业的儿童教育……

在劳力上劳心,提高家事的知识含量、技能含量和意识形态含量,是章绳以家事教育孜孜以求的目标。读者朋友是否发现,这背后已然在积蓄家事职业化、社会化的潜能?这种潜能一旦化为现实,对娜拉意味着什么?时代已经给出了答案。

当然,这是否意味着娜拉已经踏上了康庄大道,想必读者心中都有自己的答案。

同那个时代许多教育家一样,章绳以对包括"在劳力上劳心""教学做合一"等在内的陶行知生活教育理念尤为服膺。或云:章绳以自家的家事教学做如何?

章绳以自身的修身之路,前文已有详述,自不必多言,她在江苏省立教育学院的学生肖畅铭也在《怀念章绳以教授》一文中多有追忆。按肖畅铭的描述,"章绳以是一位具有独立意识,秉性耿直,无私服膺于'教育救国'思想的教育家"。在肖畅铭的印象中,章绳以当时"50 开外,衣着朴素大方,身材刚健,声音宏亮,办事果断泼辣,不爱虚荣,不争名利"[①]。肖畅铭

[①] 肖畅铭:《怀念章绳以教授》,见江阴文史资料委员会编《江阴文史资料(第九辑)》,江阴:江阴文史资料委员会,1988 年,第 57—62 页。

对章绳以的性格、作风、品行的描述,同笔者所了解的其一生之路及其著述内容和著述风格足可相互印证。至于其衣着、身材,笔者未能找到其 20 世纪 40 年代的照片,但综合她的著述和她摄于 1928 年苏州女子中学事务主任任上的照片,大体可以推断,肖畅铭的描述亦所言非虚。①

作为一个家事学教授和"教学做合一"的倡导者,章绳以当然不会流于夸夸其谈,坐而论道,系统阐述家事理念、家事知识、家事技能和家事态度的《家事学概论》一书,便是其理论与实践的结晶。不过,倘若将此书视为章绳以家事教育的全部,也许会产生认知上的错觉。比如,作为家事教育重要组成部分的饮食教育,章绳以在此书中只是讨论了饮食理念、营养知识、饮食态度,基本没有涉及实用的烹饪技能。殊不知,章绳以的烹饪技能教育,足可出版一部专著。② 当然,如前所述,章绳以的家事知识亦不免存在各种不足,因而在实践上也不免出现偏差。

章绳以不主张晚婚,但直至年近不惑,才于 1929 年 11 月 1 日同当年暨南学校同事刘平江结为夫妇。个中原因,与她对择偶的谨慎态度关系甚大。在她看来,"婚姻为人生最神圣、

---

① 章绳以:《现代妇女服装之我见》,载《方舟》,1936(21),第 25 页;章绳以:《衣服之研究》,载《方舟》,1936(23),第 41—45 页。
② 章绳以:《(专科课程初稿)烹饪》,载《中国童子军》,1936(11),第 41—65 页;章绳以:《(专科课程初稿)烹饪(续)》,载《中国童子军》,1936(12),第 101—127 页;章绳以:《食物之研究(附表)》,载《振华季刊》(振华女学校三十周年纪念刊),1936(4),第 154 页。

最重大之问题,选择配偶应持郑重之态度,精密之观察,长期之交往,彼此间有深切之认识,然后结合为夫妇,庶可免去以后之反目感觉不圆满之苦痛"①。刘平江小章绳以一岁,曾任江苏省立七师校长、暨南学校师范科主任、厦门集美学校师范科主任、江苏省立第十一中学校长、江苏省民政厅第二科科长(负责推进省内地方自治事宜)。1929 年结婚时任宜兴县县长,曾因"稽征得力"获省政府嘉奖,随即遭人指控在县长任内渎职枉法,政治反动,背叛"党国",劣迹斑斑。为此,国民党政府于 1930 年调虎离山,任命他为南京特别市代理教育局长,旋即令江苏省政府展开彻查。调查期间,刘平江于是年 8 月 5 日主动辞去代理教育局长一职,暂为国民政府实业部科员,随即又于次年请辞。也就是在这一年,年初新任遗族女校校务主任的章绳以,于年中辞职离校,与刘平江共进退。此后,刘平江先是在江苏省立教育学院任职,后于 1936 年出任浙江省崇德县县长一职,浙江沦陷后同章绳以一道先后在广西大学和贵州大学执教。抗战胜利后,刘平江被派任为江苏省临时参议会秘书长,并当选为国民党中央监察委员,章绳以则以"革命元老"身份膺选第一届"国大代表"。中华人民共和国成立前夕,国民党政府动员夫妇二人前往台湾,并三次派人送去飞机票,均遭谢绝。中华人民共和国成立后,章绳以被委任为

---

① 章绳以:《谈夫妇》,载《健康家庭》,1939(4),第 19 页;章绳以:《如何可以造成美满幸福的家庭》,载《方舟》,1936(32),第 53—57 页;章绳以:《家事学概论》,重庆:中国文化服务社,1946 年,第 70—75 页。

竟志女中（前身即为其母校竞志女学）校长，刘平江则在上海财经学院（今上海财经大学）任教。1969年，章绳以病逝，享年80岁。刘平江病逝于1982年，在病逝前三个月，已届九旬的刘平江还在为祖国的和平统一大业呼号。①

"夫圣人瑰意琦行，超然独处。"这是章、刘二人给呱呱坠地的新生命取名"琦行"的由来。刘琦行没有辜负父母的期待，在夫妇二人家国情怀、民主理念、正直品格的陶冶下，也走上了追求正义、追求进步的道路，并秘密加入了中国共产党。据说，在他和同为中共地下党员的孙世英举行婚礼的那天，国民党元老张群等一干国民党头面人物步入一楼婚宴大厅时，地下党却在二楼的新娘梳妆室举行秘密会议。②

有趣的是，孙世英当年从教会学校毕业后，考入了国立中央高级助产职业学校，此后便将自己的人生奉献给了中国的医疗卫生事业。这位出生于1921年的"春蚕奶奶"年岁渐高后，逐渐将家事交给保姆打理。在此过程中，她竟利用自己的专业知识，亲手培养出一位持证"金牌月嫂"。③

娜拉出走后怎么办？从婆婆章绳以到儿媳孙世英，历史给出了答案，中国一代又一代的娜拉们交出了一份份完美的

---

① 赵永良主编：《无锡名人辞典（二编）》，上海：学林出版社，1991年，第92页。
② 赵涵漠：《春蚕奶奶与保姆》，《中国青年报》，2012年7月18日，第12版。
③ 赵涵漠：《春蚕奶奶与保姆》，《中国青年报》，2012年7月18日，第12版。

答卷。

"前路漫漫亦灿灿。"在当今社会运行法则下,娜拉出走后的难题,仍有待未来不断优化答案,仍有待我们继续完善答卷。

结语

家庭教育，一场有缺憾的修行

有句哲言说："每个人内心都有一颗太阳，关键是如何让它发光。"我想，如果这句话没错的话，下面这句话应该也不会有什么问题："每个孩子内心都有一颗太阳，关键是如何让它发光。"

只是，细究起来，这句哲言好像不符合常识。太阳永远都会自己散发光芒，怎能说"如何让它发光"？

许多精彩的比喻都经不起琢磨，但并不妨碍它的精彩，这句哲言也不例外。是的，太阳永远都会自己散发光芒，浮云总会被吹散，不能阻止阳光洒在大地上，照耀万物生长。

只是，人内心的朵朵浮云，倘不设法驱散，也许的确会遮蔽内心那颗太阳的光芒，阻碍人的成长。

同任何教育一样，家庭教育的任务，就是帮助孩子吹散遮蔽阳光的浮云。

只是，我们去帮助孩子驱散遮蔽光芒的浮云时，我们会不会时时遮蔽他内心放射的光芒，阻碍他的成长？再进一步追问：我们成为遮挡光芒的浮云，是否因为我们内心有什么浮云遮挡了我们发光？

因此，作为家庭教育的主体，每个父母内心其实也都有一颗太阳，关键依旧是如何让它发光。

只是，扫尽我们内心的浮云，怕是异想天开；驱走遮挡孩子放射光芒的一切浮云，也是不切实际的幻想。

家庭教育注定是一场有缺憾的修行。修行的主调是不气馁、不焦虑。

后记

  亲子之爱与家庭之教,是人间至纯的情感和至善的理性,也是人类绵延不息的奥秘。

  在人间所有的情感与智慧中,父母对儿女的爱,对儿女的教诲,是最为深沉、最为独特的一种。这种爱和叮咛,蕴藏着无可替代的力量,宛如繁星点点,烛照着人类在时光隧道里缓缓前行。卡尔·马克思说:"还有什么比父母心中蕴藏着的情感更为神圣的呢?父母的心,是最仁慈的法官,是最贴心的朋友,是爱的太阳,它的光焰照耀、温暖着凝聚在我们心灵深处的意向。"

  父母,总是把孩子视为生命中最重要的部分,用全部的心血去呵护、去照拂,恨不得将世间所有的善意和庇护都倾注在儿女身上。这份爱和教导无怨无悔,无私无畏,理性深刻,如同太阳一样辉煌,如月亮一样清澈,为儿女的成长提供了无穷的力量和向上的动力。而孩子对父母的回报,对父母的尊敬和关心,对父母的反哺和光耀,也是他们内心最深的情感表达。他们为父母分担忧虑,为父母奔波在路,陪伴父母慢慢变老,把家族的荣光发扬光大。

  亲子之爱与家庭之教,广大无边,无处不在。无论儿女走到哪里,无论父母身处何方,这份情感和理性都会如影随形,弥漫在儿女的头顶和天空,无比深厚,无比真挚。它是情感和智慧的传递,更是生命和精神的延续。它以一种春风化雨、润物无声的方式,流淌在人类社会的每一个角落。无论时代如何变迁,无论世事如何变幻,父母对儿女的深情眷顾,儿女对父母的虔诚回报,始终都在,从未改变。

回望中国近现代时期名人名家的家庭教育实景,重温那些散落在时光深处的亲子温情与家教智慧,体味其中的温馨、理性、深远和绵长,就是一种最好的学习和领悟。

也因此,父母所在的那个家,是我们人生之旅的始发港,也是人生回归的目的地。

加拿大教育家维吉尼亚·萨提亚说:"我相信家庭与外界是决然不同的,它可以充满爱,关怀及了解,成为一个人养精蓄锐的场所。"

对于那些深受父母之爱和家教之光滋润的成熟儿女,他们所能达到的理想高度应该是这样的——他们发展了父母双方的良知,既能保持和父母的紧密关系,又能创新传承父母的进取精神,并由此成为父母的至爱和传人。这,正是"名人家庭教育丛书"呈现给我们的精髓之所在。

"名人家庭教育丛书"的顺利出版,首先要感谢上海开放大学副校长王伯军。王校长领衔的"名人家庭教育丛书"编委会在广泛调研的基础上确立了丛书的选题、框架和表达风格。其次要感谢上海开放大学非学历教育部部长王松华研究员,王部长自始至终全程参与了丛书的策划和实施,为丛书的顺利完成不断助力。

"名人家庭教育丛书"能够如期付梓,还要感谢八位作者,他们从国家开放大学、上海财经大学、中国福利会、上海开放大学总校及分校汇集到一起,在丛书编委会的指导下独立思考,潜心写作,高效完成了丛书的写作。在此,向八位作者表示由衷的敬佩和感谢!

"名人家庭教育丛书"的圆满出版,更要感谢上海远东出版社程云琦主任带领的编辑团队,他们为丛书的设计、审阅出版付出了辛勤劳动和专业智慧。

本丛书从制定撰写方案到完稿前后只有一年半时间,加之作者撰写经验有限,丛书难免有疏漏或不当之处,敬请读者批评指正!

"名人家庭教育丛书"主编　杨敏